写给孩子的影响力

白日歌 编著

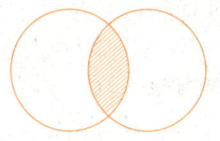

远方出版社

图书在版编目（CIP）数据

写给孩子的影响力 / 白日歌编著. -- 呼和浩特：远方出版社，2023.9
ISBN 978-7-5555-1796-2

Ⅰ.①写… Ⅱ.①白… Ⅲ.①人际关系—儿童读物 Ⅳ.① C912.11-49

中国版本图书馆 CIP 数据核字 (2023) 第 167621 号

写给孩子的影响力
XIEGEI HAIZI DE YINGXIANGLI

编　　著	白日歌
责任编辑	武舒波
封面设计	小徐书装
版式设计	宋建忠
出版发行	远方出版社
社　　址	呼和浩特市乌兰察布东路 666 号　邮编 010010
电　　话	（0471）2236473 总编室　2236460 发行部
经　　销	新华书店
印　　刷	唐山富达印务有限公司
开　　本	880mm×1230mm　1/32
字　　数	100 千
印　　张	5.25
版　　次	2023 年 9 月第 1 版
印　　次	2023 年 10 月第 1 次印刷
标准书号	ISBN 978-7-5555-1796-2
定　　价	48.00 元

如发现印装质量问题，请与出版社联系调换

前 言
一切都会如你所愿

你有没有发现,我们和朋友交流时,有时候兴致勃勃提出的见解,对方听后却无动于衷;有时候苦口婆心提出的意见,对方却一句也听不进去。这让我们产生一种无力感。

我们向同学或者朋友求助时,对方左右为难、言语不详,一句简单又委婉的拒绝,听起来却有那么多的人情冷暖和权衡利弊夹杂其中,处处碰壁之后,悄然泛起的无助感会将我们逐渐淹没。

冲突和矛盾发生时,人多势众的对方步步紧逼,形单影只的我们只能连连后退,直至退在人际交往的角落里默不作声,一种压抑感和孤立感油然而生。

我们无比希望感受到别人的赞扬、信任和认同,也希望被伤害后听到别人真诚地说声"对不起"。我们渴

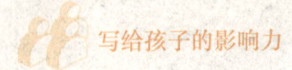

望获得一些推心置腹的密友，也渴望和同学们融洽相处。

但是请记住，想要得到这些收获，请先"优化"自己。当我们足够优秀的时候，自然就能产生一种影响力，吸引别人、影响别人，被各种环境所接纳，创造出一个和谐友爱的生存环境。

我们每时每刻都与外界发生联系，时刻受到外界的影响。影响力是我们一生都要持续学习的能力。学会恰当地使用这些影响力，可以让别人与我们产生共情，引导事情顺着希望的方向发展，让我们自然而然地走出人际交往的困境；可以让对方与我们产生共鸣，让别人理解我们的想法，并且心服口服地接纳我们；还能让我们察觉欺骗、识破谎言，不会让别人伤害我们。

只需遵循一些与人相处的正确方式，掌握表达技巧，我们就能交到很多朋友，消除很多在人际交往中的苦恼。这些方法，能让我们拥有让人信服的能力，在人际交往中更加自信；能让我们预测遭遇的一切，顺利化解各种潜在危机，再也不用担心接下来会发生什么；能让我们轻松地与任何人交流，没有沟通障碍，与他人更好地合作。

准备好了吗？从现在开始，你将与影响力并肩同行，拥有很强的人际交往能力，让人生变得镇定自若、轻松自如。我们要抓住转瞬即逝的机遇，适应不断变化的环境，轻松自如地应对各种突发情况。

目 录

第一章 相信"相信"的力量 / 001

你做不到,因为你想不到 / 003

真正的动力都是由内而生的 / 007

解开自我设限的心结 / 011

罗森塔尔效应:进行"理想自我"的建构 / 015

第二章 比起沟通内容,沟通体验更能影响沟通效果 / 019

要晓之以理,更要动之以情 / 021

从沟通经验里找规律 / 025

赞同比否定更利于沟通 / 029

爱是尊重的重要延伸 / 032

第三章 不患寡而患不均 / 035

追求公平待遇的内在动机 / 037

写给孩子的影响力

  每个人对于公平都有自己的解读 / 041

  不要戴着有色眼镜看人 / 044

  奖励与惩罚要合理 / 048

第四章 让对方把你当成朋友 / 051

  为什么你的朋友越来越少 / 053

  给予就会被给予，剥夺就会被剥夺 / 056

  互惠式让步的心理策略 / 059

  永远心怀感恩 / 063

第五章 言行一致是大家的共同愿望 / 067

  说到就要做到，是人之常情 / 069

  登门槛效应：凡事都需要循序渐进 / 073

  诚信是一种宝贵的品质 / 076

  尽量减少承诺与结果之间的误差 / 079

第六章 说服的第一步是投其所好 / 083

  所谓代沟，不过是各有所爱罢了 / 085

  自我投射效应：推己及人的认知障碍 / 089

心理透视：了解对方的思路 / 092

同频共振：找到与对方的相似之处 / 096

第七章　不同的锚点会给人不同的感觉 / 099

知觉对比原理：货比三家，择"优"买之 / 101

纵向比较与横向比较的认知偏差 / 104

好消息和坏消息，先听哪一个 / 107

发现与众不同的关键要素 / 109

第八章　更少的机会，更大的价值 / 113

熟悉的地方没有风景 / 115

青春期逆反心理的根源 / 118

沉没成本效应：比起得到，我们更害怕失去 / 121

用延迟满足抓住对方的注意力 / 124

第九章　以人服人的权威效应 / 127

这些伪科学，我们是否曾经深信不疑 / 129

米尔格兰姆的人性实验 / 132

用"不容置疑"的口吻表述 / 136

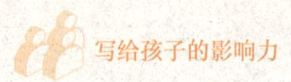

善用模仿力，提高行动效能 / 139

第十章　顺势而为，才能事半功倍 / 143

背道而驰，可能只是一腔孤勇 / 145

涟漪效应：难以察觉的条件反射 / 148

从众效应：社会常态的吸引力 / 151

集体行动的极简法则：少数服从多数 / 155

第一章

相信"相信"的力量

　　信念，是以现实为出发点的预见，是对成长的规划和渴望。它是真正的命运舵手，每时每刻都在指导着我们看问题和做事情的方式，决定了我们人生的走向。一个敢于相信自己有影响力的人，才会看到自身蕴含的巨大潜能。这种信念越强烈，越能实现内心的梦想和憧憬。

第一章　相信"相信"的力量

你做不到，因为你想不到

有一幅漫画，画得极好，对每一个人来说都是一种启迪。漫画很简单，画了蝴蝶蜕变的过程，一只毛毛虫，变成蚕茧，又蜕变为蝴蝶。漫画没有什么艺术性，漫画里的文字却瞬间击中每一位观者的心：选择——同样是一生，你愿意选择哪一种？一条虫？一只茧？还是翩翩起舞的蝴蝶？只要你想做，你就能做到！

很多时候，我们做不到是因为我们想不到。连想都想不到，谈何做到呢？就像万丈高楼平地起，如果没有盖楼的意愿，恐怕连地基都无从得见。如果有了盖楼的意愿，哪怕面对悬崖绝壁、荒漠沙丘、高山峻岭，也能在别人都认为不可能的地方创造出令人惊叹的奇迹。

有个小女孩，国庆和父母出游，旅途中不幸遭遇车祸，父母把唯一活下来的机会留给了女儿。车祸过于惨烈，父母

遭遇车祸的场景让女孩悲痛欲绝。她无法接受，不相信这是真的，精神受到强烈刺激，整天泪流不止，没过多久便失明了。

亲戚将她送往医院检查，医生意外发现这个女孩的眼睛没有发生一点病变，是因为伤心过度得了心理性失明。

医生求助催眠师，对这个女孩进行催眠疗法。催眠师暗示女孩，她的视力已经恢复如初。催眠师说："我数五个数，数到五时，你醒来就能看见东西了。"催眠师慢慢地数："一、二、三、四、五。""五"字结束，女孩睁开眼，竟然看到了面带微笑的催眠师，她的眼睛果然奇迹般地复明了。

这并不是上天施加的"奇迹"，而是女孩内心能量造就的"奇迹"。暗示就是这么神奇，只要当事人相信不可思议的事情会发生，便一定会出现奇迹。

心理暗示可以分为他人暗示和自我暗示两种。他人暗示是由别人使用语言和行动加以暗示，比如催眠师；自我暗示是自己对自身心理施加某种影响、接受某种观念，使情绪与意志发生作用。

自我暗示又可以分为消极暗示和积极暗示两种。

消极暗示会给个体带来不好的影响。比如，一个人做了一夜噩梦，没有歇息好，早上照镜子发现眼圈发黑，仔细看看，觉得脸部也黑了，再转身看看镜中的自己，觉得浑身无力，酸痛不止。他暗想：我可能得重病了，

第一章 相信"相信"的力量

没准是癌症,不行,我得去医院检查。这种自我暗示属于消极暗示,对健康极其不利。

大多数的暗示都是好的,能激发人体产生积极向上的力量。有的暗示可以发掘一个人的记忆潜力,这是根据实验得出的结论。

研究员让两组学生观察一幅画。第一组学生得到老师的暗示:这幅画是著名画家梵高的作品。第二组的学生没有得到暗示。然后,老师让两组学生画这幅画,第一组学生画得很像,第二组学生几乎画不出来。

我们再回头看照镜子的暗示。这个人同样在镜子里看到黑眼圈与浮肿的眼睑,他对脸部进行按摩,对自己说:昨晚做噩梦,一夜没有休息好,没事的,梦都是反的。今天我一定会有好运,现在立刻到户外跑几圈,呼吸一下新鲜的空气就好了。于是,他立刻调整好自己心情,精神抖擞地上学去了。这种自我暗示是积极的,等于告诉我们的细胞组织:没事的,振作起来,跟我一起冲啊!这种积极暗示有利于身心健康,可以大力提倡。

此时此刻,我们不妨坐下来,拿起笔,想想那些还没有完成的事,暗示自己什么时候可以完成、完成到何种满意程度。我们一生中要做的事情有很多,甚至一生都在寻求这些答案、解决这些问题。然而大部分人不能充分地了解自己、相信自己，所以在寻找答案、解决问题的道路上才会走得格外艰难。

只有相信自己能成为具有影响力的人，才有可能成为具有影响力的人。只有不再妄自菲薄，不断通过学习与练习，充满信心地挑战明天，才能改变未来，升级不完美的自己，更好地施展抱负，成为自己想成为的那个人。

第一章　相信"相信"的力量

真正的动力都是由内而生的

想要成为具有影响力的人，我们必须赋予自己坚定的信念与充足的动力。

那些每天沉迷空想，总是做计划却从不落实的人，遇到困难时只会选择逃避，事后又为错失时机而懊悔无比，却始终没有勇气改变现实。

究其原因，就在于内部动力不足。他们虽然有一份"让自己变得更优秀、成为受欢迎的人"的想法，但却缺乏明确的目标感和足够的驱动力，没有深刻思考过"我为什么要变得更优秀、我应该如何变得更优秀、我要优秀到何种程度、如果遇到困难要如何克服"等一系列实际问题，所以才让自己对理想的追求浮于表面，仅仅停留在抄写几句座右铭、在备忘录里复制几份待读的励志书单等表面功夫上，始终难以突破自我瓶颈。

真正的动力不是信誓旦旦的口号,也不是备忘录上的任务列表,而是从我们骨子里散发出来的、由内而生的心灵能量。它能驱动我们马不停蹄地在追求理想的道路上奋勇前进,而不是一直站在原地对着目的地踌躇满志地眺望。拥有这种心灵能量的人,就算遇到风浪也不会退缩,仍会破浪前行。

人生动力可以分为两种:一种是结果型动力,一种是过程型动力。人和物体一样,受力是复杂的,每个人的人生动力不是单纯存在的,而是由多种动力融合在一起的。有些人非常注重结果,结果型动力就会占据主导地位。有些人认为过程更重要,过程型动力便占据着主导地位。

这两种人生动力具有一定的区别与特点:

结果型动力注重金钱、目标、成绩、权利、欲望等。具有来得快、爆发性强、持久性不足、去得快的特点。重结果的人往往具有功利心强、自私浮躁的特质,喜欢投机取巧。当实现目标、得到自己想要的结果之后,当事人的激情动力也就消失得无影无踪。而且,结果型动力一旦缺少自信的支撑,便会令人感到紧张、不快乐,由此产生心理压力。

过程型动力注重兴趣爱好、责任、信仰、习惯、梦想等。其特点是普遍爆发性不足,来得慢,持续久,表现

为很长时间的坚持与磨炼,甚至可以持续一生一世。过程型动力能让我们始终保持宁静而专注的心态,也能在临危之时激发出心灵深处的潜能量,让我们心无旁骛、全力以赴地迎接挑战。

杨利伟是一位心里装着梦想、一路践行梦想的航天员。从小生活在海边的他希望成为翱翔在天空的海鸥。长大后,他一直朝着这个目标努力奋斗,终于实现了梦想,成为第一位进入太空的中国人。杨利伟用自己的行动告诉我们,一定要坚定信念、怀揣梦想。

由此可见,有过程才有结果,有付出才有收获。对我们而言,这种过程型动力更有价值、更可取。

现在,我们已经有了"想要成为有影响力的人"的梦想,这个梦想需要不断培养、不断发展、不断壮大。那么,如何强化这个过程型动力呢?

首先,请认真且真诚地思考一下:为什么要成为有影响力的人?是为了得到更多人的尊重和信任,获得心理上的满足感?还是为了享受众星捧月的感觉,让成就感和虚荣心得以满足?还是为了可以左右逢源、做什么事都能一呼百应,让自己更省心省力?

然后,再扩展视野、深化洞察力,计划一下:要用什么方法、从哪些方面来提升自己的影响力?在哪些地方有不足需要调整？在哪些地方有优势可以发挥？是需要用道德来约束自己？还是需要用知识来丰富自己？或是需要用经历来成就自己？……

当一切问题都有了明确的答案时，我们距离梦想的实现就更近了一步。遇到困难时也会临危不乱、心神俱宁，因为我们信念坚定、动力充足、目标明确。在不断增强人生动力的过程中，我们也逐渐积攒出了更多的自信，这种"我一定要成功、我一定会成功"的自信会贯穿全身，所遇之人皆可感受到它的魅力。

第一章　相信"相信"的力量

解开自我设限的心结

在很多情况下，我们被已知困扰，而不是为未知痛苦。其中很大一部分原因是一直被自我设限的心结所束缚。它所带来的情绪压力，远远超出痛苦和困难本身。

自我设限的最显著表现是，长期处于错误的主观臆断，保持惯性的行为，惧怕主动改变和迎接挑战，更惧怕因为能力不及而导致的失败。

那些被电栅栏围起来的牛，刚开始时不习惯被束缚，在野性的驱使下横冲直撞，碰到电栅栏后，电击带来的强烈痛感会让牛迅速后退。经过这样反复电击，牛对电栅栏有了戒心，不再靠近，即使关掉电源，牛也会敬而远之。尽管近在咫尺的自由向它招手，只需要纵身一跃便可以逃脱，但牛已经被自我设限的条件反射所束缚，不再进行尝试，甘愿保持现状、止步不前。

人类也是习惯性的动物。习惯让我们不必事先安排便可以按部就班地处理日常事务，大大提高了效率，节省了时间和精力。但是，这样重复的过程也会产生不良后果，使我们的思维模式变得像机器人一样循规蹈矩。当应对压力环境和负面情绪时，我们已经习惯按照经验行事，潜意识里根深蒂固地认为这样做是绝对正确的，完全想不到其他更加有效的解决办法。

举个例子，一个人如果不能专心做一件事情，他的思维模式可能是："哎呀，太糟糕了，我不行，我不能胜任；我好害怕犯错；我无能为力；我实在做不好……"这种思维影响了他的情绪，使其沉浸在自我编织的世界里，不愿意采取行之有效的实际行动。换言之，思维决定了情绪，限制了行动。

当我们处于抑郁状态，尤其是遭遇挫折时，自我设限的思维模式往往起着主导作用，让人表现出自暴自弃、自我怀疑、消沉气馁，把"这太难了，我放弃吧"当作口头禅。这种消极的思维模式一旦形成，就会时时刻刻影响我们对事物的看法，继而影响到思想、感觉和行为，在生活中反复上演。

觉得自己没有能力成为可以对别人施加影响力的人，也是一种自我设限。有些人不知道自己的长处，总是盯

第一章　相信"相信"的力量

住自己的短处不放，为此产生自卑情绪，自卑情绪如同乱麻一样无序地缠绕内心，逐渐演化为自我设限的心结，结果往往是让缺点更显著、让优点更隐蔽，积重难返。

比如，如果一个人认为自己口才不好、不善言辞，那么他在当众演讲的时候，就会始终被"演讲这件事不是我擅长的，我说得越多，就会错得越多，越容易招来别人的嘲笑"的观念左右，于是支支吾吾，难以流畅地表达。

再比如，如果一个人觉得自己沟通能力差、不擅交际，那么他在参加集体活动时，脑海中便会不停浮现出自己从前被排挤被孤立的画面，所以一直躲在角落，避免与他人接触。久而久之，其他人也会逐渐忽视他的存在，导致他更加缺乏与人交流的经验。

人生本就不是完美的，我们不能只盯着那些不完美的地方耽于消沉。换一种情绪、换一种心态、换一个角度看待问题，我们不但能找到峰回路转的机会，还能找到快乐的人生。

如何用正念意识解开自我设限的心结呢？

在"我实在做不好"的思维模式中，大脑接收到的命令是"已有失败经验，拒绝进行任何尝试"。

如果换成"我有信心做得更好"的思维模式，我们就会单纯地觉察环境，让事情更真实地呈现在面前，理智地展开思考:"我可以找一个不让我感到沮丧的方法解决这个问题吗?还有别的方法可供选择吗?"明确目标和方法之后,我们积极地进行尝试,获得有效反馈后,再继续全力以赴,直到达成心中的信念。

如果再换成"我只有这样做,才会有所成就"的思维模式,我们就会情绪高涨,立刻采取行动,坚定信念,排除一切障碍,出色地完成计划。

掌握了正念意识的诀窍之后,每日坚持运用,必然有所体会,慢慢地我们便可以打破固有的思维模式,看清自己的行为,找到纠正的方式,一步步地修正自己对于影响力的不正确的认知和观念,卓有成效地提升自身影响力。

这时,我们会发现一个奇妙的现象,事情并没有我们想的那么糟,原本以为错综复杂的问题都能迎刃而解。人际交往的坦途在我们心中铺开,一切都自然而然、水到渠成。

第一章 相信"相信"的力量

罗森塔尔效应：进行"理想自我"的建构

罗森塔尔和雅各布森是美国的心理学家，他们在1968年进行了几项实验，将研究成果取名"罗森塔尔效应"（Rosenthaleffect），也叫"人际期望效应"或"自我实现的预言"。

罗森塔尔和雅各布森将实验老鼠分为两组，并告诉助理：第一组老鼠智力水平较高，第二组老鼠智力水平一般。于是助理用聪明的办法训练聪明的老鼠钻迷宫，用普通的办法训练普通的老鼠钻迷宫。之后，他们让两组老鼠进行比赛，结果证实第一组老鼠确实非常聪明。

老鼠实验获得成功后，罗森塔尔和雅各布森又来到小学，对学生进行"未来发展趋势测验"。他们在18个班级里随机挑选了一批学生，把学生名单交给老师，告诉他们名单上的学生是专家挑选出来的"最有发展前途"的学生，并且要求老师对此事保密。

年末测试后,罗森塔尔和雅各布森到学校核实实验结果。他们惊奇地发现,这批随机抽取的学生成绩远高于其他同学。他们拥有积极乐观的心态,勤于助人,团结同学,尊敬师长,对体育、音乐也有极大的兴趣。

这种脱颖而出的变化,可以说是源于罗森塔尔和雅各布森给予被实验者的心理暗示。他们首先向校长和老师提供了积极的信号,让老师相信选中的学生确实是"最有发展前途"的学生,这样校长和老师也对这批学生有了更高的期望。学生接收到这种"正能量",开始接受来自老师的特殊关注和不断激励,进步比较快。学生的成绩变化再反馈给校长和老师,就形成了正向循环。

"罗森塔尔效应"证明,不管做什么事情,充分肯定自我,都是获得成功的重要条件。我们要想发展得更好,还要在人与环境、人际关系中形成"我相信我是这样的人——我确实能做到符合人设要求的事情——我真正成了被他人认可的这样的人——我更加相信我是这样的人"的正向循环。如果某人的"运气"好,不如说好运气是他努力构建理想自我的必然结果。

如何构建一个"具有影响力的理想自我"呢?

我们可以描述一下如果自己是一个影响力强的人,会

第一章 相信"相信"的力量

有哪些言行特征、遇到问题会如何利用自身影响力加以解决,以便对自己的未来有一个明晰的印象与努力的目标;然后再加上罗森塔尔效应的加持,我们会有更多的动力突破自己,变得越来越优秀,直到达到自我的期望值。

我们可以从以下这几个方面对未来的自己展开联想:

比如,竞选班级干部的时候,我会踊跃发言、毛遂自荐,让同学们了解我的长处,同学们对我颇有好感,纷纷为我投票,竞选班委成功;

再比如,老师讲解数学题时,我提出了不同看法,遭到老师的质疑,但因为我在同学们心目中具有一定的影响力,所以几位同学很支持我的观点,老师也开始重视起来,仔细检查发现,果然是老师自己写错了解题步骤。

也就是说,通过一系列的联想情境,让自己相信:我们将来会成为具有影响力的人,会在这些需要发挥影响力的关键时刻发挥出影响力,会顺利地得到别人的支持与理解。

对于美好未来的期望,会让我们在现实中不自觉地以自信满满、乐观积极的形象示人,由里向外地散发着魅力,一言一行都趋近于我们为自己构建的"理想自我"的形象,假以时日,必见成效。

我们相信自己是什么样的人,我们就会成为什么样的人。

第二章

比起沟通内容，沟通体验更能影响沟通效果

  影响力最为常见的应用场景莫过于我们与人交流沟通的时候。沟通是人际交往的核心内容，也是情感联结的重要纽带。控制好情感的力度与把握好语言的分寸同等重要。同样的一件事，营造不同的氛围、使用不同的措辞、采取不同的心理策略，都可能会带来截然不同的沟通体验，并最终左右沟通结果。

第二章　比起沟通内容，沟通体验更能影响沟通效果

要晓之以理，更要动之以情

身为体育委员的于航最近很苦恼。学校为了丰富学生们的暑假生活，特意组织了线上运动会，要求学生们踊跃参与、上传自己的参赛项目视频。但眼看着截止时间临近，班级里却只有两个同学参加了跳绳比赛，完全达不到学校要求的参赛人数。

心急火燎的于航便单独找了几位平时体育课上表现不错的同学，以体育委员的身份要求他们务必参加比赛。"这可是为了班级荣誉！""拍个视频没有什么难度吧。""举手之劳而已，耽误不了你几分钟。"……可惜于航说破了嘴皮，也没能劝动这几个同学，他们以各种理由推脱拒绝，有的同学甚至不耐烦地直接挂断了语音聊天，不予理睬。这让于航感到十分挫败：这个体育委员当得真是一点号召力都没有，

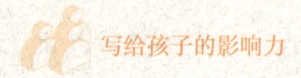

说话也完全没有影响力。

为什么我们难以对别人施加影响？为什么别人不愿意听我们说话？为什么我们的人生总是处处碰壁？有时候，明明我们和对方说的都是正确的道理，对方却始终不愿意听。我们越是着急、越是较真、越是强硬，对方就越是难以说服。

这是因为，思维方式、行为、情绪都会影响沟通效果，很多时候我们只是晓之以理，太过注重沟通内容，却没有动之以情，忽视了沟通体验。没有人情味的沟通，表现为思维方式太固化、行为方式太直接、情绪管理不到位，就像是命令一样，会让人产生天然的抗拒心理，带来不好的沟通体验。

影响力是情商的表现之一，情商的基础就是对情绪的把控。因此，我们想要提高自己的影响力，掌握对话的主动权，带给双方更好的沟通体验，就可以从心理学的角度，通过了解对方的情绪、引导对方的情绪、控制自己的情绪来掌控沟通过程。

举个例子，我们经常因为搞砸一件事情深感内疚，无数次发誓再也不会犯下同样的错误了，可就算已经说了无数次"对不起"，也很难完全平息对方的怒气。反之，我们的认错态度好，让对方感觉到我们的真诚和尊重，

第二章 比起沟通内容，沟通体验更能影响沟通效果

使其气愤失望的情绪得以安抚和舒缓，往往更容易打破隔阂，获得对方的谅解与包容。

做错事后，想要获得对方原谅时，如何沟通才能事半功倍？以下几个能改善沟通体验的心理策略可供参考。

1. 当面道歉，而不是书面道歉

只有坦诚地当面道歉，才能借由表情和动作的信号传达，让对方真实地感受到我们发自内心的诚恳态度，由此取得心理平衡，重新找回自尊。

2. 主动承担责任并要求惩罚

要想平息事态，我们就要为自己所犯错误负起全部责任，不要寻找借口推卸责任，那样做只会雪上加霜。我们还可以直接表明愿意接受惩罚的悔改之意。主动把惩罚的权利交到对方的手里，让他来主宰我们的命运，虽然有点冒险，但如果认错态度足够诚恳，对方很可能会放弃惩罚。

3. 给出合情合理的解释

我们还要加把劲向对方解释导致错误的一系列原因，强调这次事故是一个例外，保证以后绝对不会再发生，这在很大程度上能缓解对方的焦虑情绪。

如果我们的解释不能让对方理解认可，还可以将一切归因于"恐惧"，凸显我们的"脆弱"，让对方相信一

切都在自己的掌控之中。比如说,"我害怕如果承认做了那件事,你会责怪我""我担心不那么做会产生更坏的结果""我当时吓坏了,完全手足无措,所以才做出了失去理性的事情"。

恐惧是原始的、纯粹的,大家都在经历的、都能理解的。为了减轻我们的恐惧感,对方此时会不自觉地扮演一个具有建设性的主导角色,双方之间的关系又重建了平衡。

第二章 比起沟通内容,沟通体验更能影响沟通效果

从沟通经验里找规律

如何才算是好的沟通体验?我们或许没有明确的概念,但是可以从以往的沟通经验中总结出规律。

为什么相同的请求,这样说会遭到拒绝,换一种方式说却会收获意外的惊喜?我们之所以能够让对方在沟通时表现出顺从、认可的态度,或许是我们某个眼神、某个动作、某个语气、某个措辞、某个时机起到了关键作用。

比如,当我们提出一个观点时,别人都点头称是,可能是因为我们的语气真挚坚定,让人信服,带给对方"他有理有据,值得信任"的沟通体验;当我们提出一个倡议时,别人举手赞成,可能是因为我们能够从对方的角度思考问题,从对方需求出发,提议对他有利,带给对方"他很贴心,确实是为了我着想"的沟通体验。

由此可见,认可的本质是一种顺从,是一种沟通时双

方都感到舒心自如的和谐状态。

以前我们或许没有注意到这些，现在为了提高自己的影响力，我们需要稍加留意，找到这些发力点，让沟通事半功倍。

以下几个能给对方带来良好沟通体验的普遍规律对我们会有帮助。

1. 表情方面

每个人都喜欢和爱笑的人打交道。微笑的表情能够激发愉快的想法和记忆，拉近两个人之间的心理距离，消除陌生感。它所传递出的积极乐观的情绪也能加大对方的认可程度。

2. 动作方面

倾听对方说话是礼貌也是修养，适当地点头回应能够体现出倾听的专注和对对方的关注，由此换来对方的尊重，形成良好互动。

3. 语气方面

同样是请求别人做什么事，用命令的语气去说和用温柔的语气去说，效果是不一样的。

有一个人请求同学帮助，他命令同学："哎，说你呢，赶快想办法把这件事解决掉！"不断向对方施加压力，要求他立刻回答、立刻做决定，结果同学没有理他，继续写作业。他只好换一种口气,谦卑地说:"我知道这件事难办,只有靠你才能解决,你看我不是来请你帮忙了吗?帮帮我吧!"同学被他诚恳的态度打动,顺利完成他要求的事情。

4. 措辞方面

混乱的语言、啰唆的语句会让对方觉得与我们沟通是浪费时间,产生心不在焉或不堪其扰的情绪。

如果是在时间充裕的情况下,我们可以用幽默的口吻讲述有趣的事实,用绝妙的隐喻、夸张的比喻等开场,等对方对这个话题产生兴趣之后,再用简洁易懂的方式提出想法或观点。

如果是在时间有限的情况下,针对自己的行为或请求,我们要给出一个对方能够在短时间内完全理解的合情合理的解释。比如,在早餐店排队买早饭时,我们对排在前面的人说:"可以让我先点餐吗?"估计只有小部分人会同意。如果我们给出一个明确的必须先做的理由:"实在不好意思,能让我先点餐吗?我要去上学,很赶时间,再晚一会儿就要迟到了。"这时,前面的人通常会欣然答应。

5. 时机方面

如果我们需要别人的帮助,是应该早早开口,还是等到急需别人出手时再说？建议还是早开口为好，这样对方就会有足够的时间去做好心理准备和行动准备，胜算更充分、信心更充足，应允下来也毫无压力感和压迫感。

如果开口晚了，越靠近对方出手帮忙的时间点，对方协助我们的可能性就越低。因为这样无形中增加了对方的焦虑感，当他为了帮你而不得不去做来不及准备的事时，仓促应付的压力感和对结果的不确定感便会油然而生，而一口回绝则显得简单得多，所以对方更倾向于果断拒绝、主动远离这些麻烦事。

第二章　比起沟通内容，沟通体验更能影响沟通效果

赞同比否定更利于沟通

我们如何为对方创造一种轻松愉快没有攻击性和压迫感的沟通环境，带来舒服的沟通体验呢？

有些事情，我们在与人沟通的时候，既可以表现出对对方的否定和抗拒，也可以表现出对对方的理解和顺从，肯定措辞与否定措辞也会带来截然不同的沟通体验与沟通效果，这可以体现出说话者驾驭语言的能力。

比如，我们发现同学做错了一道题，出于好心想要指点他一下，如果直接过去和他说："这道题你做错了，根本不是这么做的，你怎么这么笨啊，让我来教教你怎么解答。"此时，我们表现出的就是一种对他的否定和居高临下的态度，会伤害对方的自尊心，给对方带来不舒服的沟通体验。再加上每个人的本性里都潜伏着一点就着的叛逆火苗，你让我往东，我偏要往西，对方可能

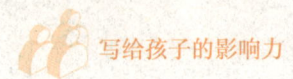

已经看出来自己做错了,但依旧会翻着白眼说:"不需要,我谢谢您了。"在这种情况下,我们的影响力便施加无效。

如果换种说话方式:"这道题我怎么和你的答案不一样啊,是不是我做错了啊?可以把你的解题思路给我讲一下吗?"看似是请对方帮忙,把自己置于一个受教者的位置,让对方感觉自己掌握了话语权和主动权,实则是给他一个台阶,让他在讲解解题思路、对照两种解题方法的过程中主动发现自己的错误,避免了别人指出错误时的尴尬和被动。

再比如,朋友遇到伤心的事情,我们前去劝慰的时候,直截了当地说:"你不要伤心了,哭有什么用?别哭了。"与委婉地说:"你的感受我能体会,这件事确实很让人伤心失望,发生在谁身上都不好受,但是塞翁失马焉知非福,咱们换个角度想一想,或许这件事并不完全是一件坏事呢……"这两种给对方带来的沟通体验是不一样的。

一个是命令的口吻,相当于说"不",要求对方立刻停止现在的情绪,他不仅很难做到,同时也会产生"他不理解我"的评价;一个是温柔的口吻,先对对方的遭遇和情绪表示充分理解,相当于说"是",再带着对方一点点地理清思路,找回理智。

在组织语言的时候,我们不一定要局限在"是""不"

这两个字的取舍之上，它们代表的实际上是两种沟通态度。

别人赠予我们礼物时，我们简单地回应一句"我不要"，这便是一种明确的抵制否定的态度，而回应"您的好意我心领了，十分感谢，但是礼物太贵重了，我不能收"，这便是一种柔和的接纳认可的态度。

需要明白的是，对方可能并不是真的迫切需要我们收下礼物，他们只是想借由这些东西表达对我们的喜爱和关切。因此，我们要顺应对方的情绪和需求来组织语言进行回应。

一句硬生生的"我不要"，没准会让对方大受打击，感觉自己的心意没有被重视，甚至是被嫌弃了，一口回绝、没有缓冲的表达方式，还会使人产生强烈的反感；而一句"您的好意我心领了，十分感谢"则会让对方了解到我们确实感知到了他们的心意，为此心头一暖，即便随后那句"礼物太贵重了，我不能收"使用了否定词"不"，对方也不会对此心存芥蒂。

除了这种常用的客套话，我们还可以使用一些比喻、借代、双关、暗示等修辞方式，也能实现含蓄表达、温和沟通的效果。

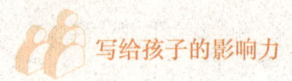

爱是尊重的重要延伸

一个青年在寒风中看守着旧书摊,他像个乞丐一样冻得瑟瑟发抖,生意看起来非常惨淡。一位富人看到后,便掏出一张钞票塞给青年人,然后继续赶路。走了几步,他又转回来对目瞪口呆的青年说:"啊,对不起,我忘了拿书,其实您和我一样是商人。"

过了几年,在慈善募捐会上,富人被一位风度翩翩的书商拦住。书商感激地说:"先生,谢谢您让我改变了摆摊乞讨的命运,我一直记得您说,我和您一样是商人。您给了我自尊和自信,让我过上有尊严的日子,有能力帮助陷于困境的人……"

富人没想到自己的一个举动、一次捐赠、一句话,竟能让一个穷困潦倒的人找回自信,并且发挥了自己的价值,最终获得成功。可见,我们尊重对方能带来和谐温

第二章 比起沟通内容，沟通体验更能影响沟通效果

馨的沟通体验，也能带来意想不到的沟通结果。

想从内心尊重他人，我们要具备以下三类知识：足够的法律知识，拥有人权意识；足够的心理学知识，掌握对他人感受和他人需求的认知；足够的沟通技巧，化解各种尴尬局面、替别人解围的应变能力。

但如果我们的目标是打造自身影响力，那么仅仅是基于社会规范或礼俗常规而尊重对方还不够。我们要更进一步，让对方感觉到我们的爱，比如亲情之爱、友情之爱，让对方产生自己正在被重视、受到保护和被需要的微妙感觉。这种从情绪、思维和心灵上产生的感情联结更为紧密，能让我们在对方心中占据强有力的位置，形成相互的依赖和扶助，使我们的影响力更为深远。

比如，朋友遇到困难的时候，虽然我们有心无力，帮不上忙，即没有实质性的沟通内容，但可以温柔以待，给予言语上的鼓励、情绪上的安抚，创造温馨的沟通体验，让对方感觉有人在意他、重视他、理解他。尽管现实如此冰冷，他们心中却有暖流涌动，自然就会对我们产生好印象，以后有什么事也愿意和我们倾吐心声，我们的影响力也就得以体现。

再比如，同学参加跑步比赛的时候，体力逐渐不支，败局已定。我们在旁边的一句情真意切的"加油"虽然

对比赛结果毫无影响力，但可以让他的失败显得不那么孤独难堪，让他知道一直有人在关注着、关心着、陪伴着他。

这些都是生活中很微小的事件，但正是每一个微小的暖心时刻共同汇聚出了我们对爱和尊重的感知，没准还会成为人生中熠熠生辉的记忆。爱，不需要信誓旦旦，不需要非常正式，不需要精心谋划，只需要在对方需要我们的时候送上温暖即可。

爱是一种内在的感情，尊重是一种外在的行为，让爱与尊重并驾齐驱是提升影响力的法宝之一。当我们回顾那些对自己有积极影响的人时，会发现对方充满善念和爱意的行为潜移默化地影响着我们的价值观发展，我们也会不自觉地以同样的方式善待别人、影响别人。爱和尊重的意识就这样源源不断地传承下去。

反之，一个从来没有得到爱和尊重的人，让他立刻爱别人、马上尊重别人是很难的。当一个人被长期压抑，得不到应有的爱和尊重，就会导致他对外界产生抗拒、排斥、猜疑的心理，不愿认可我们的价值，不能领会我们的善意，无法顺从我们的意愿。

第三章

不患寡而患不均

　　公平即是正义。通过公平合理地对待别人，在大是大非面前不徇私情，坚守原则和底线，我们也可以获得别人的好感、信任和尊重，更好地发挥自身影响力。

第三章 不患寡而患不均

追求公平待遇的内在动机

人是社会性的,需要公平的秩序才能维持长久稳定的发展。利用公平达成交易是我们普遍认同的社会运转法则,哪怕是微不足道的交易,依然要尽量确保可以获得不偏不倚的双赢结局。

早在几千年前,孔子在《论语·季氏》第十六篇中就指出过:"闻有国有家者,不患寡而患不均,不患贫而患不安。盖均无贫,和无寡,安无倾。"意思是说:"不论有国的诸侯或封地的大夫,不应担心财富不多,只需担心财富分配不均;不要担心人少,而只需提防境内不安宁;财富分配均平,便无所谓贫穷;人民和睦相处,便不觉得人少;境内安宁就没有亡国的危险。"这些分析内容揭示了公平意识是稳定的重要因素。

1965年,美国心理学家约翰·亚当斯提出了公平理论,又称社会比较理论。他指出:"决定人们工作积极性和努力程度的不仅仅是个人实际报酬,对报酬的分配是否感到公平合理,这个影响因素其实更为突出。将自己的付出与回报,与其他人的付出与回报做出比较,是人们在对公平与否做出判断时最常做的事情,既可能是主动比对,也可能是下意识对照。"

灵长类动物学家做了一个实验:一开始的游戏规则是猴子每递给研究人员一颗鹅卵石,就可以得到一片黄瓜,所有猴子都玩得很开心。

而后研究人员变换游戏规则,有的猴子可以用一颗鹅卵石换一颗葡萄,有的猴子则依旧只能获得一片黄瓜。那些只能获得黄瓜、又眼巴巴看着同伴津津有味地吃葡萄的猴子表现出了不满情绪,刚才还觉得好吃的黄瓜瞬间感觉味同嚼蜡。它们厌恶地把黄瓜扔向研究人员表示抗议。

实验研究表明,就连猴子也会表现出强烈的公平心理,也习惯于将自己的待遇与同类进行比较。

人人都有追求被公平对待的需求,也天生会对那些公正的人、公平的事持有好感,对不公正的人、不公平的事产生厌恶。我们想要对别人施加影响力,就要关注个体对于公平的主观感受,给予别人公平的待遇。因为别人怎么对待我们,都是我们教的。站在对方的角度去理

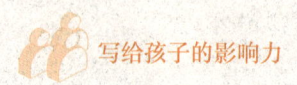

一方就会觉得有失公平,必然会奋起反抗,甚至引发人际关系的冲突和错乱,让精心打造的影响力功亏一篑。

每个人对于公平都有自己的解读

很多人都错误地认为，公平就是平均，让每个人得到的东西是一样的、失去的东西也是一样的，就可以被称为公平。实则不然，在现实生活中，一千个人的心中有一千个哈姆雷特，对于公平的解读也是如此，见仁见智。

不同的需求、不同的情绪、不同的立场、不同的经历，形成了不同的社会认知，对于公平的理解和追求就会有所不同。比如，女性追求男女平等的公平、有色人种追求不被种族歧视的公平、员工追求薪资待遇的公平、学生追求教育资源分配的公平等等。

"我有一个梦想"，提到这句话，我们总会想起20世纪杰出的人权运动领袖马丁·路德·金。他的一生，都在致力于为美国和全球争取种族平等。

20世纪50、60年代，美国南部的种族隔离制度兴盛，黑人和白人之间的界限明显，不仅同工不同酬，甚至还会被禁止乘坐同一个车厢，白人聚集的地方，不会出现黑人，黑人扎堆的地方，也不会出现白人，黑人的权利和自由被最大限度地损害了。即便这些非洲裔的黑人早已取得美国国籍、甚至已经在美国定居了好几代人，仍旧无法获得完全与白人同等的待遇。

尽管通过马丁·路德·金等人权领袖和无数民众的不懈努力，美国已经从法律层面消除了制度性的种族主义和种族歧视，然而种族主义的沉疴顽疾却未能真正从所有人的思想中拔除，在而今的美国社会中，仍在不断发生黑人与白人之间关于公平公正的利益冲突事件。想要实现真正意义上的"人人生而平等"，任重而道远。

对于身处种族隔离制度中，被剥削、被歧视、被排挤、被恶意处罚的黑人而言，能够获得与白人一样的待遇，就是公平。在他们看来，这种平等待遇不仅仅是法律层面和经济层面的，更重要的是心理层面的平等意识，即在面对黑人时，其他人种不再将其视为异类，能够自然而然、发自内心地表现出友好、接纳与认同。

由此可见，合乎对方需求与社会发展要求的公平行为才会被对方认定为公平。在衡量某件事物、某种行为、某个观点公平与否的时候，我们既需要尊重客观情况，做到合理，也充分考虑到人的个性不同、环境不同、需求不同等元素的影响，做到合情。

首先，在我们为人处世的时候，不要总是习惯性地以自己的标尺去衡量公平与否，更不要独断专行、代替别人做决定。有时候，我们想给予对方的公平，不一定他最迫切需要的，我们应该站在对方的角度思考这一问题，即准确抓住对方的核心需求与真实诉求。

其次，在对涉及公平的问题进行沟通时，应该给予对方充分表达自身意愿的机会，这样不仅可以更深层次地了解彼此间的观点差异，优化沟通效果，还可以让对方感受到尊重，以便在和谐友好的氛围中尽快达成共识。

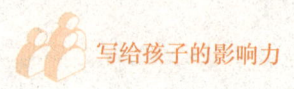

不要戴着有色眼镜看人

为了更好地打造影响力,我们在这里可以把公平解读为一视同仁、给予别人同等的机会。它侧重于心理上的认知,强调的是在我们心中植入公平观的意识,比如,"人人生而平等""不要戴着有色眼镜看人""不要先入为主""不要重男轻女""不要厚此薄彼""不要任人唯亲"等观念。

戴着有色眼镜看人,是我们经常会做出却又难以察觉的一件事。在《刻板印象》这本书中,美国著名社会心理学家克劳德·斯蒂尔指出:我们生来戴着有色眼镜,同时又遭受着各种偏见。这里可以将有色眼镜理解为刻板印象的具象化表达。

什么是刻板印象?在我们对某一类人或某一件事产生的看法中,有一些是比较笼统、甚至有失偏颇的,当这些看法固定下来后,我们就会先入为主地对类似的人、相似的事持有同样的看法,特别是面对第一次见面的人时,很容易由此产生错误的印象和评价,这就是刻板印象。

比如,许多人在潜意识中觉得"男生比女生更擅长数理化学科""如果一辆车在公路上笨拙地横冲直撞,驾驶员多半是女司机""理发师、维修工、挖掘机驾驶员和厨师是男性的专属职业""长得慈眉善目,肯定是好人",这些便是刻板印象。

对他人产生刻板印象,会导致我们习惯性地戴着有色眼镜看人,将先前形成的偏见强加于他人身上,将群体简单地标签化。在这种情形下,我们看见的未必都是事实,据此做出的决定和评价通常都是管中窥豹、以偏概全,脱离了公平和正义。

想要更接近事物真相、还原事件本貌,以下几种行为,需要我们极力避免。

1. 恶意假设别人

对陌生人和陌生环境持有天然的警惕和敌意,虽然是一种基因里的保护机制,但如果总是恶意假设别人会对自己不利,便会给人际关系带来无中生有的矛盾。

每个人都有自己的长处和短板,如果我们只盯着别人的短板和缺点不放，那么眼中就看不到对方的长处和优点。比如，看到其貌不扬的人就觉得他肯定意图不轨，完全忽视了对方彬彬有礼的言行。与人初次相识的时候，不乱下结论，不心存偏见，这是对别人最基本的尊重。

2. 脱离实际的幻想

如果我们总是借助刻板印象与外界相接触，便很容易陷入自己所构建的狭小围墙里。在闭塞视听的精神世界里，我们脱离实际，我们沉溺幻想，不知不觉与现实世界渐行渐远。

我们应该多去接触不同的人和不同的文化，拓展自己的知识面和视野，拆掉思维里的那道墙，让心胸更开阔，让认知更深入。

3. 持有过高期待

当我们戴着有色眼镜时，常常会把不熟悉、不喜欢的人视为敌人，同时将与自己亲近的人视为朋友，信任的天平就此倾斜，甚至会对这些"朋友"持有过高的期待，认为他们说的话一定对、做的事一定对、绝对不会说谎。这种喜好偏见，是公平原理的干扰因素之一。

我们应该就事论事、如实评价，特别是当分歧和争执发生时，不偏袒与自己私交甚好的人，也不冤枉曾经与自己交恶过的人，做到秉公正直，这样才能打造出无懈可击的个人影响力。

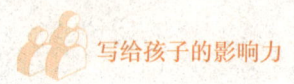 写给孩子的影响力

奖励与惩罚要合理

如果我们是小组长，老师授权我们检查组员的作业，对于完成作业的组员，要如何表扬和奖励？对于未完成作业的组员，又要如何警告和惩罚？如何与他们沟通？用什么样的心态和话术，让组员都能对我们的安排感到公平合理，表示心服口服？这需要我们在日常生活中细心观察，总结经验。

公平，意味着我们不能走向极端，让人性失去平衡。

我们不能总是过于严厉，遇事尖酸刻薄，待人不通情理，更不能滥用权力来公报私仇。比如，有的人当了班干部后会"恃宠而骄"，别人犯了一点小错便大做文章，别人没有犯错时也要鸡蛋里挑骨头，仿佛看谁都不顺眼，这样的班干部很难获得同学们的一致拥护与认可。

我们也不能一直像个唯唯诺诺的老好人一样，无论

第三章 不患寡而患不均

解一下：他凭什么对我们言听计从？可能是因为我们的一言一行都合规公正，满足了他追求公平的需求，所以心生好感和信任。

以竞选班委为例，为什么有的人会投票给我们，有的人不投票给我们？可能是因为我们在日常相处中对他们进行了区别对待，我们平时对A很好，A给我们投票很正常。我们平时对B不好，还期望或要求B给我们投票，他心里一定不愿意，这时候我们的影响力是无效的。

再比如，几个同学都没有写作业，老师惩罚别人抄写三遍，却惩罚我抄写十遍，我就会觉得自己没有被公正对待，老师在我心目中的形象和威严也会大打折扣。

从这个角度看，公平是特定标准下的一种既合理又正当的平衡状态，正如自然界需要生态平衡一样。而追求公平待遇的内在动机，一方面是别人有的，我也要有，一方面是别人损失的，我不能损失更多。

前文提到的"不患寡而患不均"，其中的"均"，就可以理解为"可以得到的"与"必须失去"都应该与周围的人大致相同，不能有太多差别，太大差距。如果我们对同样的事采用了不同的标准，对不同的事采用了同样的标准，干预了公平的实现，在利益双方之间形成了一种此消彼长的失衡状态，被挤占、被压抑、被破坏的

第三章 不患寡而患不均

什么事都毫不在意,总想着大事化小小事化了,逐渐变成了没有原则的墙头草、善恶不分的糊涂虫。比如,有的人看到同学遭遇校园霸凌,自己却默不作声地走开。被欺负的同学向老师告状,并且指出他当时也在场,可以做证时,他却含糊其词,表示并没有看到全部过程,不敢妄言,谁也不想得罪。这种"老好人"看似与世无争,实则自私自利,只会让周围的人觉得伪善,与其渐行渐远。

公平,也意味着我们不能采取双重标准,随自己的心情任意取舍。

我们不能因为与自己关系好的人犯了大错,就视而不见,甚至包庇隐瞒;不能因为与自己关系不好的人犯了小错,就小题大做唯恐天下不乱。对于同一性质的事情,我们不能以与自己关系的亲疏、与自身利益的远近作为决断奖罚的标准,肯定会有失公允。

想要以一种被别人认可的公平公正的形象示人,我们在人际交往时就要做到爱憎分明、明辨是非,奖励与惩罚要合理。

面对那些需要严肃对待的人或事,我们必须表现出严厉正直的一面,不卑不亢,果敢坚决,有快刀斩乱麻的魄力;面对需要温情对待的人或事,我们必须表现出细腻柔软的一面,让人有如沐春风的感觉。

第四章

让对方把你当成朋友

  我们应该尽量使用类似的方式来回报别人为我们所做的一切付出。如果别人对我们施以认同、支持、帮助、指点等充满善意的言行，我们应该知恩图报，不能视若无睹地不予反馈和回馈，更不能以怨报德。这就是"我为人人，人人为我"的互惠原理。以真心换真心，以真情换真情，两颗心的距离就会自然而然地拉近。

第四章 让对方把你当成朋友

为什么你的朋友越来越少

我们和第一个小伙伴成为朋友,常常源于一起嬉戏打闹,在这个过程中知道了对方的兴趣爱好,喜欢看什么书、喜欢吃哪类食物、喜欢玩哪种游戏,甚至家庭背景也略有了解。然后我们逐渐发现两个人三观一致,有许多合拍的地方,能聊到一起、玩到一起,每天有说不完的话。

随着时间的流逝,即便是两小无猜的朋友也会逐渐变得疏离,见面的次数越来越少,想和对方说的话也越来越少。在他们空出的位置上,又会不断有新的朋友坐上来。这让我们开始思考:哪些朋友善良正直,关键时刻能够帮助我们,值得我们全力维系;哪些朋友不靠谱,只能同甘不能共苦,这些表面兄弟和塑料姐妹,无时无刻不在消耗着我们的精力和心力。

人的社交兴趣和社会依恋不是一成不变的,而是一直

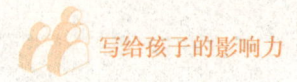

在演化。踏入社会之后，我们会脱离借一块橡皮、吃一块饼干就能成为好朋友的时代，开始结交对自己发展有利的朋友。我们与朋友相识、相交、相处的过程不再单纯，慢慢变成了价值交换的过程。这种交换可以是精神层面、心理层面，也可以是物质层面的。

数据显示：17岁以后，我们和熟人交流的次数开始减少；30～40岁再次增多；40～50岁显著减少。这种感情逐渐变淡，到最后几乎不联系的友情很常见。其根本原因就是价值交换的不均衡。

其实，交朋友并不难，难的是真正明白别人为什么要和我们交朋友。

人不能脱离动机性的本能，会根据各自不同的动机发展出不同的社交关系。友谊也属于社会关系，也逃不了利益资源、金钱名气、人生成长的挑战。学生时代没有利益冲突，很容易获得友谊。走进社会后，我们面对眼花缭乱的资源，遭遇硝烟四起的利益纷争，理想在现实面前被打得稀碎，单纯在生存面前不堪一击。

在这种社会环境中，没有人会傻到一直付出不求回报，也没有人能聪明到一味索取，不劳而获，把所有人都玩弄于股掌之间。那些违背互惠原理、自私自利的人是不受社会群体欢迎的，永远不会拥有真正的朋友。

第四章 让对方把你当成朋友

想要结交推心置腹的朋友、想要被别人真诚相待、想要成为朋友圈中有影响力的人,我们必须遵从互惠原则,掌握投桃报李、礼尚往来的智慧,让人们觉得和我们做朋友是值得的,这样才能成就我们应有的价值。

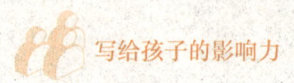

给予就会被给予,剥夺就会被剥夺

"你敬我一尺,我敬你一丈"和"滴水之恩,涌泉相报"描述的都是互惠原理。我们想让别人尊重自己,就得先去尊重别人,想让别人对自己好,就得先对别人好。把握住互惠型人际关系中的主动权,这对打造我们的影响力十分有益。

那么,互惠原理到底是如何发挥作用的?

超市里常会有供顾客免费品尝的商品,热情的促销员把试吃品送到我们的嘴边,这时我们往往出于礼貌不好拒绝。在我们品尝时,促销员会不停地介绍这个商品的优点,即便商品并非我们需要的、价格也并非特别实惠,大多数人也会因为得到了本不应该得到的东西而陷入"吃人嘴软,拿人手短"的心虚状态。这种心虚必须用"回馈促销员"的行为才能填补,于是我们只能勉为其难地

第四章 让对方把你当成朋友

购买了自己原本不想买或不需要的商品。

这说明了，一旦对方接受了我们的善意和馈赠，就会产生一种无功不受禄的负债感，此后会有意或无意地寻找机会"还债""还人情"，甚至有时候还会加倍奉还，生怕被贴上"爱占便宜"的标签。

引用共生影响力的概念，当我们率先伸出友谊之手，显示出友好态度时，对方也会礼貌地回应；当我们可以真心真意地对待朋友时，朋友也会真心真意地对待我们；当我们愿意舍弃自身利益去成全别人时，别人也会愿意舍弃自身利益来成全我们。换言之，我们把对方当成自己人，对方也会把我们当成自己人。

给予就会被给予，这是每个人都能从互惠型人际交往过程中体悟到的简单道理。不过，解读互惠原理的另一个角度常常被我们忽视，即剥夺就会被剥夺。

这种情况常见于两个人关系较好时，对方过生日都会互赠礼物，而一旦关系破裂，其中一人不再示好或赠送礼物，另一人也会以彼之道还之彼身，任由岌岌可危的友情彻底消亡，并且不会觉得自己的做法有何不妥，毕竟对方不再善待自己，自己也没必要剃头挑子一头热。

矛盾升级之后，两个人往往还会演变为相互之间的憎恶情绪和报复心理，做出以牙还牙、以眼还眼的举动，比如，相互揭短、互爆隐私、索要曾经送出的礼物，以期达到心理和感情上的自由和平衡。

所以，在向别人求助时，不要让他和我们之间存在某种竞争关系，让他误认为我们对他造成了威胁。我们故意让对方羡慕和嫉妒的言行，也会抑制他想要认同我们、帮助我们的意愿。

此刻，如何消除竞争因素成为当下要做的事。如果在告知不存在竞争因素后，对方依旧没有明显表现出想要帮助我们的倾向，可能是因为缺少情感的共鸣。

我们可以暗示他：现在不是你帮我得到荣誉，而是我们俩共同应对某件事。这样一来，互惠关系升级为共生关系，对方不仅不会产生既得利益被剥夺的感觉，同时也会产生一种强烈的责任感，自愿付出更多努力、履行进一步的要求。

第四章 让对方把你当成朋友

互惠式让步的心理策略

在互惠原理中,衍生出了一种互惠式让步的心理策略,可以有效地让别人依从我们的要求行事,其效果往往胜过直接给予别人恩惠或好处,然后再索取回报的常规方法。

以下两个实验的研究结果可以很清晰地向我们解释互惠式让步策略的原理。

志愿者实验

加拿大的研究员做了一项研究,实验组分为两组,一组是"温和请求"组,一组是"强硬请求+'拒绝—后撤'策略"组。

在"温和请求"组中,研究员要求志愿者抽时间到诊所义务工作两小时,此时口头答应的志愿者只有29%,最后真正出现的志愿者仅为29%的50%。

在"强硬请求＋'拒绝—后撤'策略"组，研究员一开始要求志愿者在两年内每周必须到社区心理健康诊所义务工作两小时。在大多数人因为这个要求太过强硬而犹豫不决之时，研究员又"勉为其难"地降低了要求，同意志愿者只要抽时间到诊所义务工作两小时即可，不必每个星期都来。此时有76%的志愿者都欣然接受了这个要求，最后真正出现的志愿者也达到了76%的85%。

讨价还价实验

研究员给大学生们提供一笔钱，告诉他们："你有个谈判对手，你们将要协商如何分配这笔钱。如果两人最终达不成协议，那么，谁都分不到这笔钱。"大学生们并不知道谈判对手其实就是研究助理。

这些研究助理用了三种方式与大学生进行谈判：第一组"对手"向大学生提出，大部分钱都留给自己，不管如何谈判，他们都顽固地坚持这个分配方法，最后大学生只获得了很少的钱，或谈判失败、一无所获；第二组"对手"要求只要稍微有利于自己就行，在谈判过程中，不再做出任何让步，最后大学生获得了相对较少的钱；第三组"对手"一开始提出了极端的要求，经过讨价还价，逐渐退让到略微有利于自己的要求，最后大学生获得了相对较少的钱。

第四章 让对方把你当成朋友

最终结果是,第三组大学生对分配结果最为满意。他们认为通过自己的不懈努力和高超的谈判能力,成功地改变了谈判对手的想法,减少了对方可能获得的钱款,对由自己主导并促成最终协议这件事感到非常有成就感。然而实际上,这一切都在谈判对手的掌握之中。

这两个实验让我们直观地看到互惠式让步策略如此管用。

我们先从一个极端到近乎不合理的立场开始,接着退回到一个明显要温和许多的立场,或是退让到适度的要求(可能这个要求才是我们的真正目标),或是根据自身的能力,给予对方一定的补偿或优惠条件,在互惠原理的作用下,对方收到这个友好信号后,也会选择退让一步,以便率先启动有益的交换过程。

我们从大请求退让到小请求,对方也从不顺从退让到了顺从,双方都做出了有利于对方的让步,由此达成了双赢。这种曲径通幽的策略,要比一开始就从温和的立场开始并坚持到底更为有效。

在日常生活中,我们也可以看到许多互惠式让步策略的妙用。

比如,顾客在买衣服时,商家会先报出一个高价:"您的眼光真好,这件衣服是今年的新款,售价499元。"

顾客觉得价格有点贵，略有迟疑，商家会接着说："您来得太巧了，我们店正在搞品牌周年庆促销，现在全场打八折。"顾客听罢，暗自在心中计算折扣后的价格，有点心动，但还未达到心理预期价位，商家顺势说："如果您关注一下我们店的公众号，还可以领到一张满399元，减200元的优惠券。这两个优惠活动是可以叠加的，先打折再满减，很划算的。"顾客一听，立刻拿出手机关注公众号，最终以199元的到手价达成了交易。

互惠式让步策略还有一个积极的附加作用：对方接受这种安排后，会产生更强的满足感和责任感，甚至有点小骄傲，误认为是自己的强势迫使请求者做出了让步，没准会答应请求者的第二个请求。

第四章 让对方把你当成朋友

永远心怀感恩

尽管人类天生就有"合作渴望",但想要更好地践行互惠原理,需要我们始终持有一颗感恩之心,确保自己有所收获的同时,也能心甘情愿地有所付出,有舍有得,这样才能与外界形成一个良性的互惠循环。否则,人人都忘恩负义、自私自利,肆意消耗别人的善意和付出,互惠原理将无法正常运转,人际关系冷淡,只会让自己的路越走越窄。

1. 感恩是一种传统美德

有这样一首诗广为流传:

千里来书只为墙,让他三尺又何妨?

万里长城今犹在,不见当年秦始皇。

它常被用来劝导人应该胸襟开阔、谦让礼貌、感恩知足、不怕吃亏。这首诗的作者是清康熙年间的文华殿大

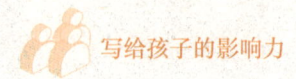

学士兼礼部尚书张英。

张英在老家的宅邸与吴家为邻,原本中间隔着一条供双方出入的巷子,某年吴家准备扩建新房,便想将这条巷子据为己有,对此张家坚决反对,双方争执到官府,互不相让,县官陷入两难,一时间无法决断。张家便写信将这件事告知张英,希望他能够出面解决,为家人撑腰。

张英读完信,并没有偏袒家人,反而觉得远亲不如近邻,相互谦让一下没什么不妥,于是便在回信中写了上面的四句话。家人看后,深受触动,为自己曾经的自私和狭隘感到羞愧难当,主动让出了属于张家的三尺空地。吴家看到张家的慷慨之举,不好意思再去得寸进尺,于是也主动让出了属于吴家的三尺房基地,于是便出现了一条"六尺巷"。一时间,相互让地的故事传为美谈。

如果没有感恩之心,便不会出现"你敬我三尺,我也敬你三尺"的结果。可见,感恩,是在接受他人帮助、支持或让步后,对他人产生的感激之情与回馈意愿,是一种美好的处世品格。

除了"六尺巷"的故事,还有"落红不是无情物,化作春泥更护花""谁言寸草心,报得三春晖""投我以桃,报之以李""树高千丈,从不忘根""滴水之恩,涌泉相报"等诗句与俗语,我们从小便受到这些传统文化的熏陶,早就将做人要感恩的观念深植于心。

2. 感恩与回馈，也是一种获得心理健康的途径

法国社会学家马塞尔·莫斯认为，礼物将收礼者与送礼者捆绑在了一起，会让收礼者产生一些思想负担。如果我们欠了别人的人情，通常会产生一种迫切的冲动：最好能够在近期内还掉这个人情。假如一直找不到合适的机会还人情，我们就会一直惦记着这件事，直至产生心理压力和心理牵绊。由感恩之情驱使的回馈行为会帮助我们卸下这些思想负担，保持内在情绪的平衡。

3. 什么是真正的感恩

这里要区别一下真正的感恩和错位的感恩。同样是获得帮助后，说出"太感谢您的雪中送炭了"的人是真正的感恩，说出"我运气真好，遇到您这样的贵人"则是错位的感恩。前者认为之所以能获得帮助是因为对方的善意和努力，侧重于人的付出；后者却认为之所以能获得帮助是因为自己运气好，没有归功于任何人，侧重于命运的安排，这表明他并没有真正产生感激之情和回馈意愿。

总而言之，我们应该摒弃那些阴暗自私的欲望，将感恩贯穿生命始终，把别人的付出看在眼里、记在心里，通过知恩图报的互动强化社交纽带。

第五章

言行一致是大家的共同愿望

古人云:"一言既出,驷马难追。"当我们在心中做出选择、给出承诺或者默认了某种立场,内心便会抵抗来自外部的压力,迫使我们的信念、说辞和行为与它保持一致,想方设法地证明这个决定的正确性。这就是承诺与行动一致的原理,它同样也是影响力的重要武器。

第五章 言行一致是大家的共同愿望

说到就要做到，是人之常情

美国著名作家本杰明·富兰克林是个杰出的人物，他参与起草了《独立宣言》；在美国独立战争期间，作为外交家的他争取到了法国的支持；他还发明了避雷针；用"麻烦"可以赢得对手的尊重也是他发现的。

宾夕法尼亚立法机构有位立法者对富兰克林一直抱有成见，一有机会便针锋相对。他们同在一个单位任职，低头不见抬头见，他应该如何与这个不友好的同事相处呢？富兰克林想到了一个化敌为友的好办法。

他这样回忆："为了和他搞好关系，我尝试了很多方法都没成功，我也不想就这样委曲求全。当我知道他有一本稀世奇书后，我给他写了张纸条，希望能借这本书给我拜读几日。没想到，他立刻把书借给了我。一周后我把书还给他，夹了张纸条写上我对这本书的喜爱之情。后来我们在国会见面,他礼貌地和我打招呼,这在以前是想也不用想的。从那以后,我们成为好朋友,他承诺随时会帮助我,只要我开口。直到他去世,我们的友谊一直都在。"

这段来之不易的友谊让富兰克林深有感慨:"真是应了那句格言,'为你做过好事的人比受过你恩惠的人,更能为你提供再次帮助。'"

乔恩·杰克和大卫·朗迪听了富兰克林的经历,他们希望通过实验来证明富兰克林的说法是否正确。

他们找来一批志愿者,让这些人和研究助理打牌。研究助理故意输钱给志愿者。然后研究助理对一组志愿者说:"我想问问,你们能归还赢来的钱吗?我只有那些钱了。"志愿者听后表示同意,如数归还了刚刚拿到手、还没焐热的钱。研究助理没有对另一组人员提任何条件。

最后,参与实验的志愿者以匿名的方式给研究助理打分,对研究助理最有好感的人居然是那些被要求还钱的人。

通过这个实验,证明了富兰克林那看上去并不符合逻辑的观点是对的。这一切都是因为人们答应别人提出的适当要求后,会及时调整心态和行为,让前后言行和自身形象都保持一致,哪怕这件事有悖于自己的意愿,也会硬着头皮履行承诺。

第五章　言行一致是大家的共同愿望

事后，这些志愿者可能会后悔："我为什么那么傻，把到手的钱又拱手还回去？因为我是一个好人，心地善良，富有同情心，不吝啬，不自私。我既然当时爽快地答应了可以把钱还给对方，就一定要兑现承诺。我对研究助理感到满意，也是因为他的出现证明了我确实是一个信守承诺的好人。"

富兰克林的策略不只是在人际交往中起作用，在其他场合也能发挥作用，这种策略就是"承诺和行动一致原理"。简单来说，即"说到就要做到"。这是一种常规的社会道德规范，它无声无息地指引着我们的行动，就像一种下意识的自动响应机制，大多数人都会加以认同并践行，并且对言行不一、背信弃义、阳奉阴违、表里不一的行为感到不齿。

尤其经过思想斗争最终做出艰难的选择后，我们都会倾向于暗示自己，"我的选择没错，我一定要实现它，证明我确实是对的，这一切都是值得的"，哪怕因为当初的选择或承诺，导致已经做出明显有违自己获得最佳利益的事情，也会一再地安抚自己，"我必须那么做，我必须坚持到底"。因此，世界上才有了那么多不撞南墙不回头、喜欢钻牛角尖的非常固执的人。

也就是说，对方受到"承诺和行动一致原理"的影响，

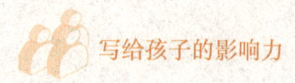

一旦开始接受我们的请求或影响，就会持续地对我们的请求和影响采取认可接受的态度，与自己过去的所作所为始终站在同一阵线，尽量避免背离初衷或中途反悔，以期保住自己言行一致的形象，我们也可以借此机会持续输出影响力。

第五章 言行一致是大家的共同愿望

登门槛效应：凡事都需要循序渐进

俗话说，心急吃不了热豆腐。这句话告诫我们，凡事都有一个适应过程，不要操之过急。在人际交往方面，同样适用这个道理。

许多时候，我们做事急于求成，期望拥有一呼百应的影响力和一步到位的执行力，与人沟通时，太过直截了当、太过咄咄逼人，完全忽视了对方的接受能力、情绪感受和内在需求，结果导致现实往往事与愿违，对方并没有积极地配合我们，事情也没有按照预期发展，甚至最后一败涂地、不欢而散。

由此可见，想要做成一件事需要循序渐进，想要征服人心更加需要循序渐进。这就要求我们重视人际交往、日常沟通的技巧，时时处处坚持"以人为本"，灵活运用心理学中的"登门槛效应"。

弗里德曼和弗雷泽是著名的社会心理学家，他们在1966年做了一个经典的"登门槛效应"的研究。

首先，他们让两名大学生登门向家庭主妇提一个小的要求。大学生说他们来自"安全委员会"，请主妇们支持他们的工作，然后出示了一份呼吁安全驾驶的请愿书，让主妇们签名。一部分主妇签了字，一部分则没有签字。

两周之后，他们开始了第二步研究，这两名大学生再次登门拜访这些主妇。这次大学生直截了当地问："请问，您愿意在你们美丽的院子外立一张写有'谨慎驾驶'的大告示牌吗？当然，这也有可能影响到你们院子的美观或是遮挡视线。"那些曾经在请愿书上签过名的主妇，有一半同意立告示牌。相反，那些没有签名的主妇，只有不到17%的人接受了请求。

心理学家也做了一个登门槛效应的实验：他们准备让多伦多居民为儿童研究学会捐款。如果他们直接向居民提出要求，愿意捐款的人的比例只有46%；如果提前让居民佩戴宣传纪念章，第二天再请这些居民捐款，捐款人数则增加了一倍。

我们从这些实验中可以看到：人们很难接受一个大的请求，但是比较容易接受逐步提出的要求。在不断满足小要求的过程中，他们逐渐适应了增加的请求。

这就是为什么我们第一次就开口借大数额的钱很容易被对方拒绝，但是每次只借一点钱、金额控制在对方能承受的范围内，并且准时归还，对方便会欣然施以援手的原因。

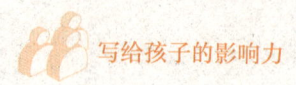

诚信是一种保贵的品质

在承诺与行动一致原理的影响下,别人会对我们言行一致,同时意味着我们也要对别人言行一致。如果我们每个人都能保持言行一致,就可以互相取得信赖。这也再次印证了互惠原理的普遍性。

辽宁一个普通的村民赵勇因车祸去世,留下270多万元的外债。只有小学文化的妻子武秀君顶着双重压力,开始为亡夫还债。她接替丈夫的工作,成为包工头,领着一帮老爷们儿夜以继日地奔走在工地上。为了让债权人放心,她将丈夫的欠款换成自己的名字,告诉所有债权人自己的电话号码,对不清楚的账目,她逐一核对。那些不忍心向她要账的人,她也主动承诺,打电话告诉对方:欠您的钱,我们一定会归还,请给我足够的时间赚到这笔钱。

信守承诺的武秀君硬是凭着一股诚信的力量,还完这笔

第五章 言行一致是大家的共同愿望

巨款，赢得社会的赞扬，被评为首届全国道德模范。武秀君坦言："欠债还钱，这是做人的本分，不能让丈夫死后被人戳脊梁骨。"

《论语·学而》里说："言必信，行必果。"守信用、重承诺是我们做人的基本准则，是评判一个人的标杆。诸如这样诚实守信的故事还有很多，无时无刻不在告诉我们：诚信是洗去污垢的清泉，它流淌在世界的各个角落，所到之处一片洁净，散发着迷人的馨香；诚信是一种铸造人格的力量，这种力量让每一个人为之景仰、为之沉醉。

不过，诚信也是一面很容易打碎的镜子，只有大家共同维护它，才不会让这面镜子出现无法修复的裂痕。一个总是骗人、经常胡言乱语、没有诚信的人，不管掌握了多少沟通技巧都不会让人信服，也不会让别人静下心来听他胡扯，虽然掌握了影响力的技巧，也只是得一时之逞，不能维护好长久的友谊。

我们的诚信可以换取别人的尊重、认可、回馈等一系列优待，有利于打造自身的良好形象，用人格魅力吸引别人，相当于是一种稳赚不赔的投资。当我们是诚实守信的人，对方会觉得我们值得信赖，对我们提出的请求和建议加以接纳，可以大大提升我们的号召力；当我们

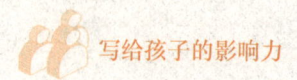

的可信度增加时，别人主动向我们寻求建议的情况也会越来越频繁，可以更好地维护我们的话语权。

我们要想提高话语的可信度，唯一的办法就是用行动证明自己，说到做到，这是取信于人的基本方式。如果因意外情况导致我们不得不找各种借口敷衍搪塞对方时，事后应该积极进行补救，真诚地解释自己这么做的原因和当时面临的困境，做出一些补偿和补救，尽最大可能获取对方的谅解。

尽量减少承诺与结果之间的误差

始终保持我们的实际行为和秉持的自我原则相一致,将会大大提升我们在他人心目中的正面形象。只可惜,谋事在人,成事在天,总会有一些意外情况出现,干扰言行一致的实现,违背承诺会带来的落差感和羞耻感,也是大多数人都不愿面对的。

我们在促使自己的承诺顺利变成现实的过程中,有没有办法做到言行合一,让影响力能始终发挥作用呢?

想要尽量减少承诺与结果之间的误差,我们可以参考以下几个方法。

1. 给自己贴上言行一致的标签

人们往往会按照别人对自己的印象来调整自己的言行。因此,我们首先要让自己相信,我们是言出必行、一诺千金的人。这样做,可以驱使我们调整自身信念与自我形象，还能够潜移默化地促使自己达到一个较有难度的目标。

我们可以使用这样的措辞进行自我沟通："我一直以来都是一言九鼎，说一不二的人，上次某件事，我答应在一个月内完成，最终确实如期完成了，我有能力和把握完成我许下承诺的事情。明天要做的这件事，同样可以圆满完成。"使用这样的语言，能唤起普遍的价值认同，激发我们心中的承诺与行为一致原理发挥效用，唤起内心深处那个"履行承诺的自我"。

2. 明确兑现承诺的确切时间

想要提升自身的"内在一致性"，还有一个行之有效的方法，那就是让口头承诺变成书面承诺，让"我会做到某件事"具体到"我会在哪个时间点做到某件事"。

这样一来，将抽象的承诺变成具象的规划之后，既有细分目标，也有与之对应的时间节点，即便一些具有一定难度的承诺，也可以找到切入点，不至于让自己因为承诺不容易被兑现而产生懈怠、放弃心理。这同时也是对抗拖延症的一个好办法，对所有任务都适用。

3. 增加承诺的曝光度

研究人员在人头攒动的假日沙滩上做了一个实验：一个人将装有贵重物品的手提包放在厕所门口，假意进去上厕所，另一个人则扮演小偷在众目睽睽之下把手提包拎走，以此观察周围旁观者的反应。这个实验反复做了数次，基本上没有人会站出来阻止小偷。

在对比实验中，实验人员在上厕所之前会挑选周围旁观者中的某个人，大声请求他照看好这个手提包，同时吸引其他旁观者闻声看向这边。结果显示，这些被委以重任、被监督着的"看管人"基本上都用言语或行动阻止了小偷。

可见，众人皆知的承诺，通常具有持久的效力，能增加兑现承诺的概率。商家举办的转发朋友圈点赞活动，实际上也是一种公开化的承诺行为。我们可以在公开场合表明观点，能够做见证的人越多，对自己的约束力和影响力就越大，切实的执行便更有望实现。

4. 违背承诺后，采取一定的补救措施

俗话说，计划没有变化快。即便我们已经从自身角度做出了诸多努力、意愿显著地想要兑现承诺，但有时候仍旧难以避免地会出现"没做到、没做好"的情况。当对方因此表现出不满、失落和失望之时，我们的影响力也在悄悄地衰减，如果此时只说一句"对不起"，恐怕难以安抚人心，也于事无补。

想要获得真诚的谅解和理解，我们也要拿出自己的真诚态度。首先，我们要如实解释为什么没能很好地兑现

承诺，比如遇到了哪些困难、做过了哪些努力、取得了哪些进展，以便让对方理解我们的难处，即晓之以理；然后，我们要恳切地道歉，表达出自己对别人的失望和损失能够感同身受，迫切期望获得原谅，即动之以情；最后，我们还要给出一定的补救措施或补偿方案，尽可能地修正承诺与结果之间的误差，这于对方而言，才是真正有价值、有意义的。

问题的解决往往不是一次性的，承诺的实现也往往无法一蹴而就，需要我们多投入一些心力和精力。只要拥有一颗言行一致的心，那么终究可以排除万难，成为一个诚实守信的人。

第六章

说服的第一步是投其所好

在促使人答应请求、接受建议的时候,越是讨人喜欢的人,他的说服力就越强。在熟人群体中,他可以左右逢源,在陌生环境中,他也是社牛一般的存在。这体现的正是影响力武器之一的喜好原理。投其所好地向对方展示出我们身上令他十分欣赏认同的特质,往往可以带来事半功倍的沟通效果。

所谓代沟,不过是各有所爱罢了

我们是从哪天开始发现自己已经长大的?

第一次不再对父母的要求唯命是从,大声说出自己的想法、坚持自己的选择?

第一次感觉父母的建议与你的想法有出入,有些事情你想自己做主?

第一次觉得自己有能力胜任一切,不再需要父母的帮助?

……

凡事都有第一次,但第一次绝不会是最后一次。在我们从儿童到少年、从少年到青年的人生轨迹中,与父母长辈之间的冲击、摩擦,都是在所难免。某个让我们和父母吵得不可开交的导火索,可能只是因为父母喜欢的东西我们不喜欢、我们感兴趣的事情父母却觉得毫无意义,于是各自据理力争、互不相容。这样的分歧每天都会发生，早餐吃什么、出门穿什么、晚上几点睡，任何一件需要我们做出独立选择的事情都会诱发来自父母的不同看法。

物以类聚，人以群分。心理学揭示，我们的天性是喜欢与自己相似的人，同时对那些站在我们的对立面、与我们格格不入的人持有不由自主的抗拒心理。

特别是在观点相似、性格相似、背景相似、生活习惯相似、审美相似的情况下，人际交往时更容易产生亲和感、舒适感、信任感，如同望着镜中的自己一般。这些相似性会驱使喜好倾向的偏斜，令我们下意识地对这些"镜中人"做出正面回应。

比如，我们更乐于接受老师用某款学生都喜欢玩的网络游戏来举例说明某道数学题的原理，由此更乐于接受这位和我们有"共同语言"的老师；我们也更喜欢听到别人说："你的妈妈好会打扮呀，潮妈一枚，和你站在一起就像姐妹一样。"由此你更喜欢这个与你有着相同审美眼光、站在一起毫无违和感的妈妈，因为这也意味着她会对你的某些"奇装异服"持有较高的接受度。

但现实却是父母与我们有太多的不同之处，萝卜白菜，各有所爱，相互之间的不理解、不认同、不接受、不采纳、不妥协，此起彼伏。于是我们习惯了在父母面前反

第六章 说服的第一步是投其所好

向操作——还没搞清事情的前因后果时就预先抗拒反对。因为通过以往的种种经验,我们早就得出一条结论,"父母觉得对的,那就一定是错的,他们说我们做错了,反而能证明我们做对了"。

在这种作用力与反作用力的相互抗衡中,代沟产生了。

不过,在我们将两代人的亲子隔阂比喻为"一条沟"的时候,这条沟其实并非如我们之前所想的那样深不见底、空无一物,这里面填满了形形色色的认知差异与审美偏好。

比如,如果需要选择一种比喻来表达爱意之深,父母会下意识觉得"我爱你,就像老鼠爱大米"更有画面感;而我们则认为"我爱你,就像风走了千万里,从不问归期"更有意境。

再比如,在看完一场电影后,可能父母被剧情感动得一塌糊涂,而我们却觉得故事老套、索然无味,豆瓣评分给2分都嫌多。原因可能在于,他们偏爱经典价值观,某些桥段里映射出了他们亲身经历过的记忆片段,可以一次次地产生强烈共鸣。而他们也习惯了使用社会认同的思维模式去主导行为,在我们的眼中,这就是落俗和过时;我们则偏爱标新立异、出其不意,期待编剧、导演和演员能共同突破认知局限,必要时也可以让我们产生一些刷新三观的惊奇感，在父母的眼中，这就是倒反天罡。

每个人都是在用自己眼睛看到的、耳朵听到的、手摸到的来描述这个世界。

这些青春期的思想碰撞与行为对抗是成长的必经之途。在由此产生的代沟面前，或是望而却步，或是置之不理，都容易演化成为一种不易察觉的家庭冷暴力。如果我们过早放弃了彼此理解的努力、单方面废除和父母长辈深入沟通的可能性，看似获得了成长的自由，实则是预埋了一颗认知障碍的种子。

尤其当我们忽视了"各有所爱"的合理性与必要性，用个人喜恶来作为评判对错与否的依据，并且对那些与我们个人喜恶对立的事物都持以狭隘、偏激、对抗的心态时，说明我们并没有真正长大。

这种"幼稚"也会让成年后的我们在陌生的世界里举步维艰。我们会遇到许多与父母相似的人，如果连自己的父母都理解不了、沟通不了、影响不了，又如何与那些陌生人沟通呢？

自我投射效应：推己及人的认知障碍

想要准确地了解、掌握别人的喜好，让喜好原理发挥作用，我们除了要持有开放包容的心态之外，还要学会清除自己内心的认知障碍。

当一个人对他人形成认知时，会把自己的特性、情感、意志等投射到对方的身上，认为对方有着和自己相似的地方，这种推己及人的现象就是自我投射效应。它是认知障碍的表现之一。

投射效应可以分为情感投射和认知投射：情感投射会认为对方的好恶和自己相同，试图用自己的思维方式影响对方；认知投射的特点是判断事物的性质原理时以自我经验为核心，缺乏客观性。

比如，当一名学生认为老师对自己的印象极佳时，他会自我感觉良好，坚信老师对他的作业完成情况一定也

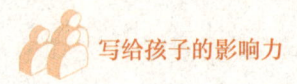

会给予高度评价，其实老师对其他同学也给予了一致的评语，但这名学生仍然会觉得自己在老师眼中是特别的存在，会被区别优待。这就是一种典型的情感投射。

再比如，当老师认为某道题非常简单，他会觉得大家都应该知道解题方法，不需要自己详细讲解，而学生却非常渴望老师讲清楚知识要点与解题思路。老师之所以会产生这种认知，是因为忽视了学生与自己的差别，在潜意识里把自己和学生混为一谈，没有区别开来。我们还会经常认为就算我们不主动挑明，对方也知道我们的想法，这些都是常见的认知投射。

在日常生活中，自我投射效应往往表现为以下两个方面：

一方面，我们总是能从喜欢的人身上发现很多优点，不加限制地赞扬他，认为他所做的一切都是对的，都是美好的，甚至爱屋及乌地喜欢上他所喜欢的事物或人；同样的，我们总是能从越看越讨厌的人身上挖掘出一堆缺点，严厉地加以指责，越发觉得他讨厌，觉得不管是他的品格还是他所做的事都是不好的。

另一方面，当发现自己表现出不好的特征时，为了寻求心理平衡，我们会把自己不能接受的特征投射到别人身上，认为这种观念或者恶习别人也有，是普遍存在、难以避免的。

比如,那些因为怯懦而临阵逃脱的人,当他因为逃跑而感到尴尬、羞愧时,如果抬头发现别人也正在逃跑,他便会指着逃跑的人大笑,以减轻内心的不安,维护自己的形象,正所谓"五十步笑百步"。这时候的心理投射属于心理防御机制的一种,通常用于减轻焦虑、减轻压力,用以保卫自我、维持内在人格。

自我投射效应总是用一分为二的辩证思维去对待别人、对待自己,实际上是一种严重的认知心理偏差。当我们以自己的心理特征作为认知他人的标准,把这种源自个人喜恶的感情投射到这些人或事上,进行自以为是的丑化或者美化,就很容易导致主观臆断,让我们陷入偏见的泥潭。

一个心怀恶念的人会认为世界上没有一个好人。长此以往,我们便会失去在人际沟通中认知的客观性,无法实事求是、就事论事,也就难以真正说服别人、对别人施加预期的影响。

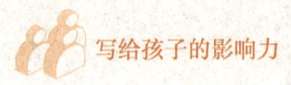

心理透视：了解对方的思路

心理学中有个术语叫"邻近性原则"。意思是说：当条件相等时，人们比较喜欢邻近的人。通过观察也可以发现：同一宿舍的学生会很快成为无话不说的朋友；同桌也会很快成为形影不离的朋友；在同一栋楼内，对门邻居很容易建立友谊。换言之，交往的频率越高，熟悉的程度越深，越容易在彼此之间产生强烈的吸引力。

但如果两个人居住的地方离得并不近、平常没有太多低头不见抬头见的机会，又该如何加深熟悉程度呢？除了要掌握对方的个人信息、背景资料、个性喜恶之外，我们还需要在接触中多观察一下对方在判断事物和解决问题时的惯用思路。

通过了解对方的思路，即便是并不熟悉的人，我们也可以提前知晓对方会如何想、如何说、如何做，然后顺

第六章 说服的第一步是投其所好

着对方，见机行事地施加影响，做一点投其所好、锦上添花的事情，以此达到说服的目的。这是打动人心的一个捷径。

比如，当我们需要朋友的帮助、又不知道他会不会拒绝的时候，不妨事先思考一下对方的真实想法，在脑海中做出一番模拟演练，然后再把这件事按照对方喜欢的思维模式加以呈现。我们使用的思维方法和行为方式与之越相近，难题越容易迎刃而解。

如果对方喜欢单刀直入的沟通方式，我们就将自己的处境和需求直言相告，无须用客套话做铺垫浪费彼此时间；如果对方非常在意自己能得到何种回报，我们就先说回报，再提要求；如果对方是个慢性子的人，我们就将事情的前因后果娓娓道来，同时不逼迫对方立刻给出帮或不帮的回复，给他一点缓冲时间；如果对方是个悲观主义者，遇事先考虑负面后果，我们就给出各种有利条件证明一下这件事的可行性，给他一些希望和信心。

如何了解对方的思路？

我们可以使用心理透视的方法。生物对客观物质的主观反应完全借助于心理活动，使用心理透视能够很好地了解对方的心理活动，在沟通中掌握主动权。

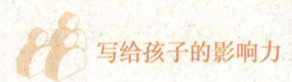

　　我们买某一样东西时，有没有思考过：我从哪里获得的该商品的信息？为什么我要买这件商品？为什么我会执着于选择这个品牌而不是其他品牌？之所以我们总是习惯于消费自己熟悉的商品，是因为商家已经对我们的消费习惯了如指掌。他们基于各种市场调查和现场观察，通过心理透视的分析方法，知道了我们需要什么样的商品、喜欢什么样的包装、能接受什么样的价位，特别是在货比三家时会基于什么样的考虑做出决策。于是商家用各种广告反复对我们进行催眠，随着我们接受该商品信息的刺激次数增多，它会深深地烙印在我们的潜意识中，形成一种无意识的购买行为。

　　商家悄无声息地影响顾客的购买行为，我们也可以悄无声息地影响对方的决策。

　　一方面，在谈话之前，我们要做足功课，多了解一下对方的内心深处在乎什么、需要什么、抗拒什么、厌恶什么。我们只有准确抓住对方所关注的要点，才能深入了解他的心理活动，找到关键的突破口，更好地加以说服。就算是熟悉的朋友，当遇到全新的问题时，我们依旧需要重新分析情况。

　　另一方面，在谈话之时，我们要注意观察对方的一举一动。在那些看似寻常不过的行为举止中，往往蕴藏着大量的真实信息，是心理状态和心理倾向的体现。比如，对方的坐姿与站姿、与我们的距离、说话时的手势等，这些往往都是对方开始慎重思考或变换思路的信号。

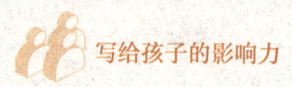 写给孩子的影响力

同频共振：找到与对方的相似之处

有没有发现，有些人我们只需看一眼，就会对他产生莫名的好感，仿佛在哪里见过；有些人和我们处了那么久，依然走不进我们的内心，我们依然不喜欢他。

导致这种区别对待的原因是什么？如果再遇到类似让我们产生好感的人，我们不妨静下心好好观察一下。这时我们会发现，除了以貌取人的普遍审美天性之外，他的衣着、发型、身材、相貌，总有一点是我们赏识的、喜欢的。遇到这样的人，我们会下意识地做出正面反应，更愿意信任他，更愿意倾听他说的每一句话。而那些让我们无法产生好感的人，不是第一眼看上去就没有眼缘的人，就是让我们感觉与其聊天时总是鸡同鸭讲的人，他的样子我们看不顺眼，他的话我们也听不进去。

物以类聚，人以群分。我们喜欢的人都是与我们相似

的人,不管是言行还是举止,都是反射我们的一面镜子。那些能让我们高看一眼的人,他说话的语速与我们相差不多,几乎处于同频状态;那些让我们抱有更多同情心的人,总是与我们动作相似、节奏一致。

更多的共鸣会带来更多的好感。在没有现成的友谊可供利用的时候,为了赢得对方的认同和信任,我们总是会想尽办法向对方展示共同之处,由此唤起同频共振,这是社交的常用策略。

比如,我们到了一所陌生的学校,一个同学都不认识,如果有一个同学和我们打招呼:"嗨,你也是来自云南的吗?"旁边的同学也兴奋地问:"你是从云南来的吗?我曾经去过大理,到过天鹅湖。"瞬间,我们仿佛遇到了知己,马上对他们产生了好感。第一位同学和我们来自同一个地方,说着亲切的家乡话。第二位同学到过我们的家乡,知道天鹅湖。如果在老家,彼此会熟视无睹,离家千里才会生出这种"老乡见老乡,两眼泪汪汪"的情愫。

再比如,当我们想要参加某项活动、融入某个集体的时候,可以向对方报出某个共同好友的名字:"是某某介绍我来的。"通常对方不会拒我们于千里之外,因为拒绝我们就等于拒绝自己朋友的好意。

挖掘两个人的相似之处时,不一定非要选择那些重要属性，只要有明显的个人属性就可以。如果某位同学愿意帮助我们的概率是40%，经过攀谈发现两个人的乳名一样，而且竟然是同年同月出生，成功的概率会上升到80%。尽管两个人所处的生活环境不同，却因为相同的名字和生日有了关联，这些相似的个人属性所激发出的信赖感具有很强的威力。

高山流水，知音难觅。如果我们想掌控某人，只与他有表面上的相似之处还不够，更要深入到情绪和认知上的共鸣。我们在和对方聊天时，不仅要描述事实、发表观点，还要分享我们的感受和情绪，触动对方的内心，驱动对方的情绪，这样说出来的话才会更有说服力。

情绪和认知上的共鸣往往来自相似的经历和价值观。比如，同为成长在离异家庭的两个孩子，他们更能理解对方的内心是何等珍视与渴望被爱；同为经历过地震的幸存者，他们更能带着对生命的感恩帮助其他陷于生死困境的人。

共同经历越独特，情感共鸣就越强烈。如果我们并没有经历过那些不寻常的事情，也可以主动说出一些让我们记忆犹新、深有感触的事情，如果对方也有类似经历，就会主动打开话匣子，和我们分享自己的故事，两个人的相似之处也就被慢慢挖掘出来了。

第七章

不同的锚点会给人不同的感觉

在 A 和 B 两个选择中，如果它们的优势和劣势都旗鼓相当，我们会患得患失、左右为难，不容易果断地做出选择；如果 A 的优势要明显大于 B 的优势，我们便会不假思索地选择 A。这就是具有潜意识说服效力的对比原理。即便是同一种事物，我们通过有目的地展示给对方不同的锚点，也会带给人不同的感觉，让影响力在无形之中发挥作用。

第七章 不同的锚点会给人不同的感觉

知觉对比原理：货比三家，择"优"买之

一棵树上的苹果，我们很容易区分出哪一个苹果更大、更红、没有生虫子。人多的地方，我们也很容易区分出哪一个人漂亮、哪一个人更高。人和人对比，可以产生美与丑、胖与瘦、高与矮的感觉，物体之间也有相同的效果。这就是知觉对比原理。

以前我们以"眼见为实"为准则，现在明明亲眼所见的事情，也不一定就是真的。尤其在知觉对比原理的作用下，那些利用背景干扰视觉判断的心理策略，让我们开始怀疑眼睛背叛了自己。

有人做了一个关于感官的知觉对比实验来证明这个道理：准备一杯冰水、一杯温水、一杯热水。实验者将左手食指伸入冰水中，然后把右手食指伸入热水中；在水中体验10～20秒后，再同时放入温水中。实验发现，

此时两根手指感受的温度是不一样的。想知道什么感觉，我们可以自己做个实验试试。

商家早已将知觉对比的促销手段使用到顾客几乎无法觉察的地步。那些装修得豪华上档次的服装店，导购员会微笑着说："欢迎光临，请问您需要什么？"如果顾客说想买一套西服。她会热情地带顾客去试穿价格最贵的那款。原因有两点：第一，如果顾客买了，她只推荐一次便成功了；第二，如果顾客嫌贵，她还可以推荐下一款，直到顾客满意为止。这样，不管后续推荐的西服价格如何，都贵不过第一套。

还有一种情况，顾客或许会认为接下来推荐的西服没有第一套的上身效果好，虽然更喜欢第一套西服，但因为价格较高，还是暂时决定放弃购买，准备到另一家再看看，心想着一定可以买到品质又好、价格又便宜的西服。可是，当顾客逛其他服装店时，却发现里面都是劣质西服，档次上不去，服务员态度也不好，装修也不精致。越是明显的落差，顾客越会产生强烈的比较感受。顾客此时转头回奔第一家服装店，爽快地买下了刚才还觉得价格难以接受的昂贵西服。

不怕不识货，就怕货比货。这就是商家利用知觉对比原理，让顾客货比三家、择"优"买之的招数。这一招

第七章 不同的锚点会给人不同的感觉

经久不衰,既愉悦了顾客,又收获了财富。

我们在生活中所做的每一个决定都离不开对比。田忌赛马的故事,仔细品味一下,我们也会发现,它其实也是巧用了对比原理。在人际交往中,我们也可以吸收借鉴商家的促销思路,通过投设不同的锚点来影响别人的体验与决策。

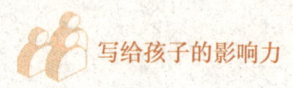

纵向比较与横向比较的认知偏差

同一件事物,使用不同的比较方法会带来不同的认知、不同的结果。

在某一时间点上,具有一定相似性及相关性的同层次事物之间的比较,叫横向比较。比如,人与人、A商品与B商品、A国家与B国家、A方法与B方法等。进行纵向比较,有助于我们了解这些事物之间的联系、差异和影响。

我们与他人做比较时,认为我们比别人更优秀,就会感到开心;认为别人比我们更优秀,就会感到失落,这都是人之常情的心理定式。

比如,我们喜欢与别人做比较,羡慕同学拿到奖学金,羡慕同学又新买了一辆山地车,羡慕同学的家有更好的经济条件,暗想为什么那个幸运的人不是我,为此情绪低落、夜不能寐,感叹命运的不公。一个喜欢和别人比较,

第七章 不同的锚点会给人不同的感觉

在对比中寻找平衡,才能决定是否幸福的人,只能永远活在不快乐中。

单个事物,对过去某个时间点、此时、未来的不同状态进行比较,叫纵向比较。进行纵向比较,有助于我们了解自身的发展规律、预测发展趋势。

我们与自己做比较,现在比过去更好的纵向比较结果,容易让我们产生满足感、愉悦感、幸福感;反之,现在比过去更糟的纵向比较结果,会让我们深受打击,充满挫败感,更加自卑自责。

举个例子,一个自我感觉良好的学生去参加市区比赛,结果只拿到第五名。那他便会跟前面的四名做比较,比较对方所占的优势。不断懊悔抱怨:他们为什么成绩比我好?为什么我这么没用?同样的年级、同样的年龄、同样的试卷,为什么我只得了第五名?如果第二年他再来参加比赛,只获得了第十名,这时候的他会跟去年的自己比较。如果使用普通的纵向比较,他会感到非常沮丧,认为从第五名沦落到了第十名,是自己退步了。

但若是采用横向比较和纵向比较结合的方法,他会扬扬得意地想:虽然今年发挥得不太好,但是去年的我好厉害啊,那么多优秀的同学参加比赛,我竟然能够脱颖而出,跻身第五名,真是不可思议。这样一比较,他瞬间找到了心理平衡，毕竟曾经自己也优秀过，值得为自己感到骄傲。

生活中随处可见纵向比较与横向比较结合时导致的认知偏差。比如，我们购买笔记本电脑时，如果笔记本电脑的价格从 3000 元涨价到 3050 元，我们会觉得这点涨价幅度是微不足道的，不会影响我们的购买意愿；但如果我们在购买某个雪糕时发现，它的价格从原来的 2 元涨到了 5 元，或许很多人都会感到无法接受，认为这是不合理的涨价。先将现在的价格与过去的价格做对比，又将雪糕的涨幅与电脑的涨幅做对比，由此产生雪糕贵了不值得买的对比结论，忽略了雪糕和电脑没有可比性的现实。

第七章 不同的锚点会给人不同的感觉

好消息和坏消息，先听哪一个

"近朱者赤，近墨者黑"所体现出的关联原理，也会在我们为对方带来坏消息或好消息时发挥作用。

古波斯帝国信使的任务是传递军事信息。当信使存在极大的风险，他们一边送信，一边祈祷波斯王取得胜利。当他快马加鞭带来捷报，波斯王会赏赐他美酒盛宴，让他享受英雄的待遇；要是他历经艰难、九死一生带回失利的消息，他会被盛怒的波斯王杀掉。虽然信使也想报告好消息，让自己有更多的荣耀，十分害怕坏消息给自己带来的杀身之祸，可惜他对战争结果却无能为力。尽管胜利和失利与信使无关，但他带回的消息却关联了他的命运。

人们普遍不喜欢带来坏消息的人，哪怕坏消息和报信人无关，只要他们关联起来，足以让人不开心，从而想要远离他。糟糕的消息会让报信人也染上不祥。因此，我们每个人都在努力与消极的事情保持距离、与积极的事情联系起来,哪怕这些事情不是因自己而起。

有一所大学做了一项研究,用以证明学生面对好消息和坏消息的传播方式。

实验很简单,让学生去通知某一位同学,说有一个重要的电话,多半是好消息。这位同学会蹦蹦跳跳跑去,并且眉飞色舞地说:"嘿,露西,恭喜你,有一个关于你的好消息啦,快去办公室接电话吧!"

假如是不好的消息,这位同学走路会变得十分沉重,似乎在努力拖延时间,他会面无表情地说:"到办公室接电话吧。什么事我也不知道。"他明显是想与坏消息撇清关系。

假如是一个好消息和一个坏消息,这位同学会这样通知同学:"嘿,露西,你有一个重要的电话,不过我要提醒你,一个是好消息,一个是不好的消息。快去办公室接电话吧!"

好消息和坏消息的传递方式不同、出场顺序不同,不仅会影响别人对我们的看法,也会左右别人对我们做出的反应和回应。要想得到别人的好感,我们必须知道对方心理和需求,尽量躲开坏消息,将自己与好消息联系起来,以便在这种特殊情况下,也能得心应手地处理问题。

第七章 不同的锚点会给人不同的感觉

发现与众不同的关键要素

什么是与众不同？

当我们在文具店挑选文具的时候，一些设计新奇、配色舒服的新产品会抓住我们的眼球，让我们不自觉地产生购买欲望，即便它的价格有点昂贵，也会成为我们心心念念、攒钱也要买的第一选择。而那些曾经被我们回购多次、价格低廉的同类型产品，此刻已经入不了我们的眼，因为我们早就对其产生了审美疲劳，迫切需要新鲜事物的介入，消除这种枯燥无味的感觉。

这种长期相处导致的适应感、厌倦感，其实就是一种旧锚点，而从未在我们生活中出现过的新事物，它们所带给我们的与众不同、鹤立鸡群的感官冲击，其实就是一种新锚点。两种锚点相互碰撞之后，世界观、人生观、价值观，或许都会发生翻天覆地的变化。

如果我们先搬一件轻的东西,再搬一件重的东西,通常会觉得第二件东西比实际重量更重。

举个例子,如果周围的人都不会弹钢琴,唯独我们会弹,这同样是一种与众不同。特别对于常年生活在没有钢琴的环境中的人来说,钢琴和弹钢琴的人会激发出他们的好奇心,抓住他们的注意力,作为会弹钢琴的我们,自出现开始,就在逐渐撬动原本的人际关系,最终可能成为群体中具有影响力的焦点人物。即便我们在所有会弹钢琴的人中并不是特别突出,甚至可谓学艺不精,也会受到那些没有音乐特长的人的欣赏和追捧。

因此,我们要善于发现自己与众不同的优势,人无我有,人有我优,利用这些不容易被别人模仿和超越的优势产生核心竞争力,借助它们来提升自身影响力,在某个领域、某个环境、某个集体内成为不可或缺的存在。

如何找到自己的独特优势呢?

我们可以先从竞争对手或者同学那里开始搜集信息,进行分析比较:竞争对手的优势在哪里?同学的优势在哪里?为什么我们不能和他一样优秀?我们最近做了哪些有利于突破自我的事情?竞争对手和同学认为我们最引人注目的个性是什么?我们最强大、最显著的优势在哪里?

第七章　不同的锚点会给人不同的感觉

　　而后，我们再去尝试做一些自己感兴趣的事，坚持不断提升自己的能力，定时给自己充电；不放弃任何学习的机会，机会来了要主动出击，主动寻求资源，寻求各方面的支持。同时我们还要注重投资回报比，有目的地培养个人能力，比如，领导力、决策力、学习能力等，这样才能把握关键的机会。

第八章

更少的机会，更大的价值

　　求之不得的东西，总是让人格外心心念念、魂牵梦绕。从需求变成了渴求，从渴求变成了追求，其中的最大驱动力便是稀缺原理。物以稀为贵的道理，每个人都理解，每个人都深陷其中。我们把自己变成稀缺品、稀缺资源，对于提升我们的影响力而言，同样值得研究一番。

第八章 更少的机会，更大的价值

熟悉的地方没有风景

一个冰岛人到马尔代夫游玩，当他看到浩瀚的大海掀起巨浪一波一波砸过来，忍不住感慨道："这里的景色太震撼了，真是绝美的地方啊！"

本地居民听后，忍不住插嘴道："我们整天被湿润的海风吹打，大半辈子都面对一片汪洋，早就都厌倦了，没觉得哪里美。"

冰岛人一下愣住了。

本地居民又说："真羡慕你们这些有钱人，可以到处度假游玩，而我们只能在这里打鱼养家糊口。"

冰岛人却说："开什么玩笑，我努力工作，好不容易积攒了一点钱，就是想来你们这儿看看大海，吃吃海鲜。你们世代在这里享受生活，你们才是我羡慕的对象啊！"

本地人惊讶地喊道:"天哪,你们那里的北极光,才是我想见识的奇景。不知道有生之年我能不能一睹它们的风采。"

多么奇妙的对白,一个人向往另一处陌生的风景,而忽视了身边熟悉的风景,岂不知自己身边习以为常的风景可能是别人穷极一生都无法到达的地方。有人曾这样一语中的:"旅游,本质上就是从自己呆腻的地方去到别人呆腻的地方。"这体现的就是稀缺原理。

在稀缺原理的影响下,那些陌生的、少见的、难得的事物会紧紧地抓住我们的注意力,影响我们的思想和行为。越少见的物品,我们越会觉得它的价值高;越难以得到的东西,我们越想努力争取;越不容易到达的地方,我们越想前往;越是禁止入内的地方,我们越想闯入一探究竟;越是对极受欢迎的我们不予理睬的人,越是能吸引我们的注意力。

举个例子,在古罗马,紫色是权势和财富的象征,被称为贵族色,紫色的衣服在当时可谓是稀缺商品。这是因为可以提炼紫色染料的原材料非常稀少,12000个骨螺才能挤出1.4克的紫色原料。所以,紫色自然成了特权阶级才能购买得到、消费得起的紧俏商品,普通公民大多没有财力也没有资格穿紫色的衣服。而现如今,随着科技的发展,可以提炼紫色染料的原材料非常多,提炼工艺也非常成熟,随处都可以见到紫色的衣服、紫色的包装袋、紫色的彩纸、紫色的眼影,不仅价格低廉,有时紫色还会被嫌弃过于艳俗。正所谓:旧时王谢堂前燕,飞入寻常百姓家。当稀缺变成了普及,也就失去了它在我们心中的重要地位。

换个角度理解,我们可以利用稀缺原理来吸引别人,让自己变成一道难得一见、不可模仿的风景,让别人对我们产生了解和接近的兴趣,继而产生好感和依赖感,让我们可以持续不断地对其施加影响。

青春期逆反心理的根源

青春期是公认的反叛倾向最为突出的年纪。

一位看透青春期的专家说:"如果你想把院墙进行改造,有三种选择:一是自己亲自动手改造,二是花钱雇用专业人士改造,三是对青春期的孩子说'你绝对不可以把院墙推倒,重新堆砌成某个样子'。"

为什么我们一到了青春期就像突然变了一个人,不再是听话的好孩子,变成了父母口中"自作主张、一意孤行、指南往北"的躁动分子?

这段时期,我们开始把自己当作独立的个体,认为自己有自我意识,不是社会环境的延伸,不是父母生命的延续,迫切需要被外界一视同仁地对待,不仅会争取一切权利,而且面对被限制行动自由的情形时,我们还会表现出强烈的反抗倾向。正如著名社会心理学家罗伯特·西

第八章 更少的机会，更大的价值

奥迪尼在《影响力》一书中提道："保住既得利益的愿望，是心理逆反理论的核心。"

在争取权利的过程中，稀缺原理也发挥着重要影响。

因为某些成年人才拥有的"特权"对青少年来说非常稀缺，比如，可以自由自在地玩手机、玩电脑、玩游戏、谈恋爱等。家长常常会苦口婆心地对我们说："现在不让你接触这些，都是为了你好，少玩，多学习，将来才能有出息。"有些家长会严格禁止孩子接触手机、电脑等电子设备，有些家长会明确规定每天玩手机时间不能超过半小时，有些家长会要求孩子完成某项任务之后才能获得片刻的手机使用权。手机，对一些孩子来说，是可望而不可即的稀缺品，每一次接触手机的机会，也往往来之不易。

物以稀为贵。当我们长久以来都生活在很难接触到电子设备的环境中时，新世界的大门一旦偶然打开，比如某次去同学家做客，玩了一会儿同学手机上的游戏，这些来自外部世界的新奇有趣的事物将会深深吸引我们，仿佛有着无穷魔力，让我们朝思暮想。当它们成为被隐藏、被限制、被禁止的事物之后，即便这些事物本身并没有多大价值、这些机会也没有许多意义，照样很容易激起我们与家长抗争的胜负欲。

简言之，我们一方面有尝试这些平时难以接触的事物的强烈意愿，一方面又非常珍视接触这些事物的机会，以至于家长稍加管制、控制和禁止，便会激起我们的反抗。这是青少年群体中典型的心理和行为。

了解这个根源后，有助于我们利用稀缺原理顺应青少年心理发展水平，来对周围的人施加影响力。

第八章　更少的机会，更大的价值

沉没成本效应：比起得到，我们更害怕失去

在考试成绩出来后，得到高分或者低分都会引起我们的情绪波动，有的人会因为没得到理想分数而失落甚至哭泣，与此同时，有的人超常发挥，出乎意料得到高分，会因此兴奋好几天，做什么事情都感觉有使不完的劲，比任何时候都听老师的话，也更愿意帮助其他同学。通过观察我们可以发现，意外得到低分的人与意外得到高分的人相比，他们的情绪波动更加强烈。

为什么会出现这种"比起得到，更害怕失去"的情况呢？

2001年的诺贝尔经济学奖获得者斯蒂格利茨教授在《经济学》中指出："如果一项开支已经付出，并且不管做出何种选择都不能收回的时候，一个拥有理性的人就会忽略它。这类支出，称为沉没成本（sunkcost）。"

不过像这样能时时刻刻保持绝对理性的人并不多，每个人承受风险的能力和意愿是不一样的。

在稀缺原理的影响下，大脑会下意识地保护着我们免遭损失。这种保护机制发展到过犹不及的程度时，我们稍不留神就会掉进"沉没成本"的陷阱，一叶障目，不见森林，忽视全局，纠结细节，不能自拔，做出错上加错的决定。

在我们总结事物、做出评价的时候，常会表现出患得患失的心理。当面对同样数量的收益和损失时，我们容易接受收益，认为这是理所应当的，同时不能接受损失，把损失视为"横祸、不公、意外"，对此耿耿于怀。简言之，在失去曾经所拥有的东西时，我们都会感到很不舒服。

在需要做出决策的时候，大脑首先考虑的也是这件事能给我们带来什么样的坏处，担心我们投入的时间、精力、金钱等会不会竹篮打水一场空，深思熟虑的过程，本质上是深深忧虑的过程。

当我们在紧迫的时间内即将失去某样东西时，思维产生错觉，潜意识会告诉我们"这样东西很珍贵、很稀缺"，于是我们的内心会充满莫名的不舍，开始强烈渴望拥有这样东西，为此不惜付出一切代价。

比如，家里有某个被放在角落里积灰的玩具，对我们

第八章 更少的机会，更大的价值

而言毫无价值，但当亲戚家的孩子们都觉得它非常好玩、抢着玩，甚至想要把它带走的时候，没用的玩具突然变成了稀缺品、抢手货，我们就会产生一种主权意识："这个玩具是我的，你们不能带走它，我还要玩呢。"

当我们担心自己会错失良机时，行动力就会变得异常高效。商家惯用的"限量供应10件"的饥饿营销策略与"优惠券还有10分钟实效"的催付提示正是这样发挥作用的，一些原本价值不高的商品却让消费者趋之若鹜的秘密解开了，那就是"数量有限"和"最后期限"。

在与人相处的过程中，我们也可以找到对方最怕失去的某样东西、某个机会，利用沉没成本效应拿捏对方心理，由此主导人际交往和人际沟通，打造自己的影响力。

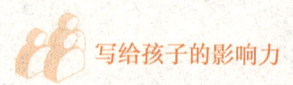

用延迟满足抓住对方的注意力

对于顾客而言，越难得到的物品越能感受到惊喜，他们愿意为此付出更多的关注和努力，在高度热情的长期驱使下，寻求机会主动奔赴；而那些能够轻易到手的东西，反倒显得廉价，不容易被珍惜，长此以往也渐渐失去了购买的积极性。对他们而言，购买稀缺品是一份执念。商家正是牢牢抓住顾客的这一心理，通过各种延迟满足的手段，让顾客倾注更多时间与精力购买商品。

由此可见，只有求而不得的东西，才能让人念念不忘。

很多时候，我们怀着愉快的心情与同学沟通，却发现对方总是无精打采，提不起兴趣，东张西望地敷衍。遇到这种尴尬的情景，我们能不能快速抓住对方注意力、让别人重视自己的方法呢？那就是通过延迟满足来增加自身价值。

第八章 更少的机会，更大的价值

1. 可信度

一个总是骗人、经常胡言乱语的人，不管掌握了多少沟通技巧，都不会让人信服，也不会让人静下心倾听。要想提高自己话语的可信度，唯一的办法就是用行动证明自己，说到做到，为自己的话做注释，这才是取信于人的方式。如果因意外不得不找各种借口敷衍搪塞对方，事后应积极进行补救，解释自己这么做的原因和当时面临的情景。做到这些，以后再和对方交流时，也不必尴尬相对。

2. 明确的三观

有些人总是人云亦云，见风使舵，说话没有自己的立场，没有自己的信念，不能确定的话，不要对别人说，说了也不会引起重视。

3. 简洁明确的表达

哪怕是和同学闲聊，也要注意突出重点，把要说的事想清楚。不要像某些同学，他们谈及一件事时，恨不得从盘古开天地说起，前世今生都讲完了，还要挨个问认不认识盘古？人家耐着性子听了半天，只得一再提醒：你想表达什么？能不能说一下重点？为了不犯这种错误，想抓住同学的注意力，一定要使用简单、明确、重点突出的表达方式。

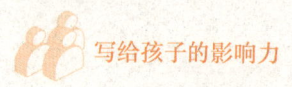

4. 有顺序有层次

和同学说话时,不要东一句西一句,天上一句,地上一句,让同学摸不到头绪,要控制自己的思维,不让思维随意跳跃。要明确,每个人对事物的理解能力都不尽相同,自认为已经沟通了,才是沟通的最大障碍。

5. 注意倾听

倾听对方说话,不仅仅是一种礼貌,在倾听的过程中,对方的思维活动会随着语言像溪水一样涓涓而流,被我们捕捉、分析、整理、提炼,当轮到我们表达的时候,就能有的放矢、准确抓住重点了。

6. 留白,留下悬念

当我们说到某一部分时,可以停顿一下,引起对方的重视,或者是喝口水,等待对方的反应。也可以在某个关键点设置一个疑问或者矛盾冲突,让同学产生迫切想要我们继续讲下去的冲动。

在人际交往中,沟通可以说是门大学问,不管是在学校,还是在越来越需要协作的社会,用延迟满足抓住对方的注意力,将成为我们的重要的生存技能。

第九章

以人服人的权威效应

家庭教育与社会经历都在告诫我们：听从权威是正确的，违抗权威是不对的。对于权威的无条件信任，让我们在不知不觉中深受掌控与影响，很容易丧失主观判断，哪怕权威人物说得毫无道理，我们也会照着去做，不会提出任何异议。利用这一社会心理，我们可以钻研出许多事半功倍的影响力策略。

第九章 以人服人的权威效应

这些伪科学,我们是否曾经深信不疑

当信息流通不畅、科学知识掌握在少数人手中的时候,让人深信不疑的伪科学也充斥于我们的头脑。在生活中,有一些伪科学是大家"默认"的,毕竟大众无法辨认科学的真假,那些对伪科学深信不疑的人,不知不觉闹出了许多笑话。

伪科学 1:人类的大脑只使用了 10%

不知道是哪位科学家率先指出的:人类的大脑只使用了 10%。

这种说法是不负责任的,人类的大脑占用身体 20% 的资源,每时每刻都在忙碌,直到身体消亡殆尽才随之关闭系统。人类大脑分布的区域有各自的分工,它们互相协调,又各自管辖属于自己的区域。比如,左右脑管辖逻辑思维、记忆理解、语言的功能;小脑通过大脑、脑干和脊髓之间丰富的传入和传出联系，参与躯体平衡、肌肉的张力。大脑和小脑各司其职，我们看不见这块CPU，它也一直在运营。

事实是大脑活动的状态远远超过10%，而伪科学说的10%只限于"思考"这一项目，其他项目避而不谈，这是不严谨的。

伪科学2：一条蚯蚓切断后，能变成两条蚯蚓

漫画书里经常说，把蚯蚓切成四节，这样就能变成四条蚯蚓，可以坐在一起搓麻将、做游戏。一些科普读物也这样描述蚯蚓神奇的变身术。

但现实却是，如果把蚯蚓切成两截，只有蚯蚓的头部可以生长出新的尾巴，尾巴却会逐渐枯萎，无法长出一个新头部。一条受伤的蚯蚓，头部有再生的能力，尾部是没有的。所以，一条蚯蚓截断了，再生后也是一条蚯蚓，不可能变成两条蚯蚓。

伪科学3：百慕大三角，号称"魔鬼三角"

传说不管是飞机还是轮船，只要进入这个区域，都难逃坠入海底的命运。

根据对飞机和船只的统计数据表明：全世界的海域都有船只沉没、飞机坠落的事故。百慕大三角遇到的沉船事故、飞机坠落事故并不比其他海域高。由于人们极少

第九章 以人服人的权威效应

踏入这个区域，无形中增加了神秘感。美国那些无聊杂志借助这一点吸引大众眼球，东拼西凑出这个"未解之谜"，借以增加报刊的销售量，逐渐演变成伪科学。

在曾经电视购物大行其道的时代，某某养生专家、某某营养专家、某某秘传神医、某某世界五百强高管层出不穷地站出来"证实"某件商品是真的有效、真的含有高科技，言之凿凿，令一大群不明真相的消费者纷纷购买，交足了智商税。最后被揭穿真相，所谓专家，不过是节目组雇来的十八线演员而已。

很多时候，伪科学之所以能够一次又一次地迷惑我们、伪专家能够轻而易举地忽悠我们，其根源在于利用了人类社会的组织方式——顺从权威，这是一种根深蒂固的社会机制。如果失去了权威的引导和控制，每个人都我行我素，生活变得混乱不堪，社会会处于无政府状态，人类便无法发展进化。

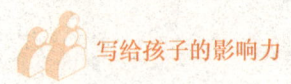

米尔格兰姆的人性实验

米尔格兰姆的人性实验在国际上非常有名,让人们印象深刻的原因竟然是实验结果的出乎意料。让我们走进米尔格兰姆的实验室,看看到底发生了什么吧。

研究员拿着一张记录板,对扮演"学生"的志愿者说:"我们做这个实验的目的是研究惩罚对学习和记忆有什么样的影响,只要你记住清单上的成对单词,完美地回答出来就可以了。记不住的话,就会得到相应的惩罚。"

研究员对扮演"老师"的志愿者解释要遵循的程序:"您的任务是检验学习者的记忆进度,每当他们犯错,就加强电击力度。"

"学生"开始抓紧时间记单词。研究员接着把"学生"用皮带固定在椅子上,把电极连接到"学生"的胳膊上,叮

第九章 以人服人的权威效应

嘱"老师"进行考核。

"学生"有点担心电击的强度,研究者冷静地说:"电击确实有可能让你非常疼痛,但不会给你造成永久性的组织损伤。"

研究者回答完"学生"的提问后,便和"老师"到隔壁房间。"老师"通过对讲装置向"学生"提问,每当"学生"回答错误,就开启电击,算是惩罚。

刚开始测试时,"学生"虽然觉得电击有点烦人,但还是可以容忍的。随着实验的进行,"学生"很快发现电击的模式增加了,每回答错一次,电击强度便会增加15伏。"学生"被这种强度扰乱了注意力,不断犯下错误,电击强度增加到75~105伏,他忍不住呻吟起来。一会儿增加到120伏,"学生"开始痛苦地大叫,不能回答接下来的问题,"老师"还是按下了150伏的电压。

"学生"忍受不住痛苦,要求离开,拒绝继续参与试验。"老师"对此没有理会,而是提出了下一个问题,"学生"在慌乱情急中再次回答错误,"老师"按下了165伏的电击。就这样,可怕的电击强度从210伏增加到300伏。酷刑一直在继续,直到刚才还在苦苦哀求的"学生"叫不出声,不再挣扎。"老师"依然照章办事,不断提出试题,报出足以令

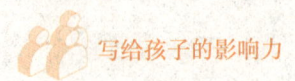

人致死的 400 伏电击，并拉下电闸。

其实，"学生"并不是真的挨了电击，只是假装挨了电击，不断发出痛苦的呼喊、哀求。

米尔格拉姆实验的目的并不是研究惩罚对学习和记忆有何影响，而是验证一个普普通通的人在履行职责的时候，会向无辜的人施加多大的痛苦。

米尔格拉姆说："这跟我们对权威根深蒂固的责任心有关。实验的罪魁祸首是受试者没办法公然违抗自己的上级。"

这种服从现象在医疗系统体现得淋漓尽致。护士很明白自己的任务，也明白医生所处的位置，他们知道没人能驳回医生对病例的判断，除非出现另一个级别更高的医生。这样，医务工作人员就形成了一套传统：自动服从医生的指示。很多时候，即便医生犯下明显的错误，护士也不会提出质疑。这种下意识的反应与医院环境结合到一起，便是医疗事故层出不穷的原因之一。

盲目服从的好处是不用思考，省心省力，能做出正确的适当行为。不好的一面，一旦权威的策略出现失误，我们照做了，也会跟着出错，酿成无法挽回的悲剧。

由此可见，权威效应具有非常大的影响力，可以是好的影响，也可以是坏的影响，具体还要看如何引导使用。

第九章 以人服人的权威效应

　　我们不仅需要对权威抱着审慎的态度，还应该树立正确使用权威效应的价值观，不要用特殊身份压制别人，更不要利用权威怂恿别人做坏事。比如，利用自己的班干部、学生会干部的特权欺负同学，拉帮结伙进行校园霸凌，这些都不是影响力的正确使用方法。

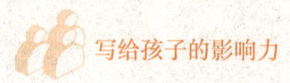

用"不容置疑"的口吻表述

影响力的运用非常广泛,转述指令或命令、劝说别人、安慰别人等各种需要影响力发挥作用的对话场景中,都可以应用权威效应。

南朝刘勰博览群书,诸子百家无一不精,诗词歌赋无一不晓,历经五年终于写完了中国第一部系统文学理论巨著《文心雕龙》。

刘勰想拜访当时的大文学家沈约,恳请他审阅《文心雕龙》,不仅能获得一些建议,也可以增加这本书的知名度。可惜刘勰出身寒门,籍籍无名,连沈府的门都进不去,乘兴而来,败兴而归。刘勰心生一计,他乔装成一名书商,背着书稿,每天守候在沈约府外。见到沈约后,刘勰便极力向他推荐《文心雕龙》。出于对书商这个职业的一贯信任,沈约

第九章 以人服人的权威效应

将书稿带回家，认真阅读后给予了极高的评价："大重之，谓为深得文理，常陈诸几案。"得益于沈约的推荐，《文心雕龙》从此广为人知。

俗话说，人微言轻。完全相同的一句话，我们以自己的身份说出来，可能不会获得多少注意，但如果是权威人士说出来，说服力就会翻倍。

现在听众接受碎片化的知识较多，如果我们的表述没有吸引力、可信度低，大家便会失去注意力，难以全神贯注地倾听。此时拿出权威人士的话与事迹作为论据，能够更好地发挥出以理服人、以人服人的效果。

在提出观点和想法的时候，我们可以借用"不容置疑的人"的口吻来进行表述。植入这些权威人士的见解，引经据典，用以佐证自身见解的正确性和可信性，能够更快速地让对方信服这些内容。即便我们只是普通人，对方也会欣然接受我们的提议、接纳我们的思想，并转变原来的态度和行为。

这是因为每个人的认知都是有局限性的，我们习惯于从权威人士身上获取认知支持和安全感。大多数人都不喜欢冒险，为了减少损失，跟着有过成功经验的人走，也是最为明智的选择。

如果我们提出的某个建议无法让对方感到安全，在他犹豫不决的时候,我们不妨指出,某某专家、某某名人也是这么建议的。特别是当大家你一言我一语地各抒己见、谁也无法说服对方时,"一个不容置疑的人"的发言确实能够一锤定音,终止这场无休止的吵闹。

不过需要注意的是,这些有理有据的名人名言、真实故事、心理实验,并非添加得越多越好,如果使用不当,反而很可能弄巧成拙。一方面原因是,添加大量的外部信息和第三方观点,会让对方觉得我们涉嫌"抄袭",是一个脑袋空空、只懂得照搬前人现成的思想精华的人;另一方面是由于人类大脑习惯用三个一组的方式思考,大脑无法马上理解四个以上的观点,需要足够的时间进行思考、理解,因此与权威相关的内容也应该尽量控制在三条以内。

善用模仿力,提高行动效能

古希腊哲学家亚里士多德指出:模仿是人的一种自然倾向,是人的本能之一。我们从小就具有强大的模仿能力和接受能力,从牙牙学语到蹒跚学步,每次成长和突破都始于模仿。

人类社会常见的互动形式之一便是模仿,模仿也是社会成员获得某种行为方式的途径。从这个角度理解,模仿能加速一个人的成长,让我们从别人辛辛苦苦积累下来的经验中获益,最终实现"青出于蓝而胜于蓝"。倘若已经有大量现成的成功示例,我们也就没必要耗时耗力地重复思考,反复实践。

提起乔布斯,我们的脑海中会立刻浮现出一个站在发布会舞台上、穿着黑色圆领衫与蓝色牛仔裤、侃侃而谈的中年男人的形象。如此简单的装扮在大街小巷随处可

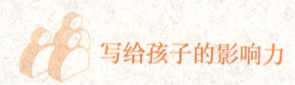

见,可一旦有个人身处重要场合、以重要身份出场、如此穿着打扮,就会带给人一种低调有内涵的成功人士的感觉。这就是权威效应。

在日常行动中,我们可以对权威人士的行为举止、思维方式、情感取向、生活习惯、性格风格等进行模仿,以此提升自己的个人魅力、为人处世能力和解决问题能力。比如,我们可以模仿权威人士、榜样人物的一些好的习惯和思维方式,尤其是模仿那些历史上具有影响力、深受爱戴、一呼百应的人物。这样我们相当于站在巨人的肩膀上,借助前人的经验,让自己快速成长。

1. 寻找该领域最权威专业的人

正所谓,近朱者赤,近墨者黑。我们在进行自我建构的时候,找到一个有价值、有能力的模仿对象,显得尤为重要。

我们可以先在生活范围内划出一个涉及影响力的圈子,从中找出自己想成为的那个有影响力的人,将其作为标杆。我们也可以扩大模仿范围,将那些世界级的权威人士作为模仿对象,虽然我们与他们所处的时代、生活环境不同,但他们的价值观、核心信念,放在过去、现在与未来,都极具长效影响力,有适度模仿的价值。

2. 深度研究模仿对象

模仿不代表照搬、照抄、照做，我们必须结合自己的实际情况，分析模仿对象当时所面临的环境与我们现在所处的环境有何相同与不同，评估一下模仿是否具有可行性，不能盲目地模仿。否则我们就会变成邯郸学步中的主人公，最后完全忘记了自己到底应该怎么走路。

画虎需要画骨，不能只画皮。模仿，也不能只做表面功夫，我们要找出模仿对象具有影响力的深度原因。我们在模仿的过程中，要把侧重点放在了解对方是如何思考、如何行动、如何应对突发情况的，将其思维方式、行事风格拆解成一系列的操作步骤。我们再遇到类似情况，就可以依样画葫芦般逐步应对，多加实践，形成条件反射，影响力自然会有所提升。

3. 逐渐内化成自己的技能和能力

此外，我们还需要定期对模仿情况进行总结，制订改进计划。在模仿一段时间、取得一定效果之后，我们也不能止步于此，还需要不断地思考如何形成自己的风格和步骤，寻求一些新的突破。

第十章

顺势而为,才能事半功倍

  人类作为一种社会性动物,遇到危险会从众,遇到好机会也会从众。从众是大众的惯性思维与行为逻辑,具有不可抗拒的吸引力。这种态度和行为的改变往往是在不经意间完成的,如果我们加以识别和利用,就能够达到润物细无声的效果。

第十章 顺势而为，才能事半功倍

背道而驰，可能只是一腔孤勇

每一个生活在社会中的人都逃不开社会认同原理的影响，我们经常会依照其他人的行为来决定自己的行为，以此选择立场站队、宣示情感归属。特别是陷入困境、不知所措的时候，我们将别人的思想和行动作为参照物，已经成为一种潜移默化的应对措施。

别人围观车祸现场，我们也凑近想看看怎么回事；别人在地铁站里突然跑了起来，我们也不自觉地朝着同一方向加快脚步；别人在看天空，我们也抬起了头；别人在排队，我们也站在了队伍的末尾；别人没有写寒假作业，我们也放下了手中的笔……这些都是十分常见的社会认同原理导致的现象。

在从众心理的影响下，我们会失去辨别是非、判断形势的能力，无数次跟错了人，走错了路。于是，害怕失

去自我的我们偶尔会采取一些"非主流"的举动企图自证聪慧,结果适得其反,导致强化了存在感,却减弱了影响力,成了别人眼中"不合群、不正常、不好沟通"的人。

我们在强调个性、追求差异、提出创新的时候,想要更顺利地向集体或个人施加影响力,就需要避免做出与集体意志或社会常识背道而驰的事情。

1. 不要不切实际

全然不顾实际情况,一味地依靠主观想法来杜撰现实,很容易让自己与现实脱节,在与人沟通的时候,造成"话不投机半句多"的结果。比如,周围的人都认定某种做法是违背常理的,我们却非要辩解这种做法是合理的,这样就很难继续下去,更得不到对方的支持与肯定。

2. 不要自以为是

当我们过于自信的时候,会觉得自己所思所想都是无比正确的,认为别人一定会加以认同,认为别人没有理由不接受自己的好感,但现实却总会给予我们一记响亮的耳光。一些人忽视那些普遍的社交规则,无视那些通用的人性规律,要求别人按照自己的喜好行事,这不是影响力,而是强制力,虽然逞一时之能,却无法真正让对方从心底里感到信服和尊敬。

3. 不要一意孤行

该停下的时候，就要停下；该转弯的时候，就要转弯；该妥协的时候，就要妥协。我们的许多失败都源自认清必然失败的结局后却依旧按照原定路线一意孤行。当我们发觉自己的思想和行为已经不被大众所接受，甚至是被排斥时，就应该及时自省、改正，与集体意志步调一致。

识时务者为俊杰，我们要与时俱进，更要顺势而为。我们千万不要用自己以为合适的手段去施加影响力，甚至是强加影响力，而是要顺应大众的普遍心理和普遍需求，这样影响力才能事半功倍。

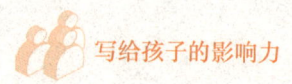

涟漪效应：难以察觉的条件反射

毛毛虫喜欢连接成一条线，在"领队"的带领下，盲目爬行。如果"领队"带它们下火海，这些跟随者也不会退却。旅鼠在群体迁徙中，当一只受到惊吓，仓皇中跳下悬崖时，跟随的旅鼠不会思考、观望，也会盲目地跟着跳下去。

当社会认同原理导向出现失误的时候，这个失误会像雪球一样越滚越大，迫使集体跟着做出错误的决定。

高速公路的巡警讲述了几起奇怪的交通车祸：在下班高峰期，城市的高速公路上排满上下班的车，刚开始大家都在自己的车道上有序地行驶着。突然，一前一后的两辆车开始打转向灯，想要变道到相邻的车道上去。只是几秒钟的时间，后面所有的车辆都跟着变道，这些司机认为前面一定出现了情况，大家一窝蜂地往旁边车道开，随后发生了一连串的碰撞事故。

第十章 顺势而为，才能事半功倍

巡警通过观察发现，车道上并没有需要躲避的障碍，那些司机只要多看几眼，就能看到前面的道路畅通无阻，可他们仍然强行变道，导致了连环追尾事故的发生。

之所以会发生这样莫名其妙的车祸，原因就在于当事人响应了社会认同方式：要是大家都在做一件事，那他们一定发现了我们不知道的事情；尤其当局面模糊不清的时候，我们会认为投入到集体智慧中、跟着前面的那个人做同样的事，最为明智、安全。

有个人做了一个实验：在川流不息的大街上，一个人凝望高空，他身边的人匆匆而过，没有做过多的停留。等他和三个伙伴一起站在老地方凝望天空时，奇怪的事情发生了，经过的人都加入进来，连远处的人也匆匆跑过来一起凝望天空。那天，80%的路人加入了这个阵营。

这种"跟风"表现为由一个出发点引发周围的点持续性震动，就像将石头投入平静的水中，水面上瞬间产生的涟漪一样。如果前面的四个人撤走，他们周围的人也会跟着撤走，而远离他们，处于外围位置的人群则依然会仰头凝望。这种震动会慢慢减退，如果没有人提醒，震动会波及很远距离，人群不会轻易解散。

这种情况被称为涟漪效应，特指社会上因某些现象引起的社会波动，如果没有舆论的制止，将会造成不可收拾的局面，波及很远的、毫不相干的陌生人群。

涟漪效应还发生在演唱会和某些演说现场：有些演义机构会专门安插人员在观众席里鼓掌，大声呼叫加油，搞活气氛，这些人散坐在观众里，负责带动观众一起鼓掌、一起喊"再来一首"、一起大声笑、一起痛哭流涕。捧场人的行为和情绪传播给身边那些真正的观众，观众受到感染，就会不由自主地跟着做出一致行动，随即更多的人也相应地做出一致行动。

借助这种涟漪效应的威力，我们可以更快速、更高效地达成自己的目的，在对方难以察觉的状态下事半功倍地施加我们的影响力。

比如，如果想让一个人去做某件事，我们直截了当地和他说，他可能不会照做，就算我们费再多口舌，也是无用功。这时候，我们可以身体力行，亲自做这件事，默不作声地向身边其他人展示出做这件事的必要性、重要性和好处，起到榜样的引领作用，当其他人深受感染、纷纷参与进来时，我们的目标人物也会在"既然大家都这么做，那么我也应该这么做"的想法中自愿加入其中。

特别是在面对一些复杂情况和棘手问题时，我们无需多言，更不必费尽心机地苦口相劝，在涟漪效应的催化下，有时候只需要付出小小的行动，就可以产生事半功倍的神奇效果。

从众效应:社会常态的吸引力

从众,是社会认同原理的典型表现之一。

美国心理学家欧文·萨拉森针对献血现象进行过一项研究。他和同事为 10000 名高中生播放幻灯片时,特意在 5000 名学生观看的幻灯片中加入了 38 张高中生献血的照片,另外 5000 名学生观看的幻灯片则没有加入献血的照片。当学校要求学生自愿参加献血活动时,第一组学生比第二组学生的献血率高出了 17%。促使更多学生参加献血行动的,仅仅是他们观看了别人献血的照片。

在各种感官的冲击下,大脑对获取的信息进行分类、归纳、总结,最终得出了一个结论:倘若许多人都在做某件事,那么这件事一定是正确的、有益的,能够帮助我们更好地融入集体的,受到潜意识的驱使,我们也会在面临选择时倾向于仿效他们的言行。

第二组学生没有看到高中生献血的幻灯片，他们的潜意识中就不会出现献血的画面，即便看到献血车停在路边，也不会将高中生和献血联系起来。第一组学生看到了高中生献血的幻灯片，自然会觉得：别的高中生可以做的事情，我也可以做；如果高中生都这样做，那么我更应该这样做。当他们看到停在路边的献血车，便会不自觉地朝那里走过去。

这种从众现象在校园生活中也十分常见。

比如，许多女孩都喜欢穿宽松的长裤和卫衣，将手藏在袖子里，头上简简单单地扎一个松松垮垮的马尾辫，额前留着刘海和长长的鬓角。三五个好友站在一起时，几乎都是大致相同的装扮。如果大街上有一个女孩如此穿着，她可能是富有个性；如果有两个人如此穿着，说明这种搭配很好看；如果有十个女孩如此穿着，说明这种搭配很流行；如果有半数以上的女孩都如此穿着，说明这已经成为学生的审美方向。

男孩们热衷某个牌子的球鞋、某个牌子的羽绒服、某种颜色的运动裤，也是出于同样的"随大流"心理。

每个特定时期之所以能形成一定的社会潮流，也是从众效应的结果。

这充分说明了，将自己置身在某个集体之中，一同做

第十章 顺势而为,才能事半功倍

一件事,显得更为正确。尤其当一个人因为没有掌握足够的信息或搜集不到准确的信息,而缺少能给自己带来安全感的判断时,最简单的应对措施便是看看大家的行为,跟着做就行了。

比如,一群人依次回答同一个陌生问题,排在后面的人会不自觉地模仿前面的人所用的措辞和名词。问题越难,回答者的自信心就越弱,从众的可能性就越大。

多数时候,群体成员只是基于社会认同原理做出反应,并不是根据优势信息才采取行动的,于是有些人便会利用社会认同原理伪造社会证据。

美国某个购物频道改动了一下广告措辞,创造出了超乎想象的销售记录。以前的广告语是:"我们已经开启了热线电话,接线员随时等候您的来电!"这个广告播出后,很少有人打电话。导致无人打电话的原因是,大家认为接线员没有事干,也没有人打热线电话,说明这个产品不好。

购物频道意识到情况不妙,马上修改了广告语:"我们已经为您开启了热线电话,如遇到占线,请耐心等待,稍后再拨!"这个广告语带给大家的感觉是:接线员忙不过来了,大家都在争先恐后打电话预订产品,我也得马上抢,要不然晚了就抢不到了。购物频道换成这个广告语后,迎来了销量的暴涨。

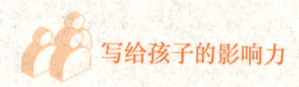

当我们想要说服某人的时候,可以像这样有策略地利用从众效应,让对方知道很多人都是这样做的。这样做说服力更强。

集体行动的极简法则：少数服从多数

当我们遭遇外部群体给予的一定压力时，通常会做出趋于和该群体态度或行为一致化的改变，尽可能地与其步调一致。

在内部群体中，如果出现意见不一致的情况，我们也会根据"少数服从多数"的法则进行决策，以便迅速达成共同的目标与行动。

在这里，服从的本质是一种个体利益对集体利益做出的妥协。人类是群居动物，为了更好地维护群居模式，需要不断壮大群体规模、划定活动范围、制定行动规则，保证所有人都心往一处想、劲往一处使。在这个过程中，一方面要将与集体意志高度契合的人集中起来，拧成一股绳。

这也意味着，多数派不一定是真的对，少数派也不一定是完全错,对错与否,取决于利益、形势、规划等多方面因素的权衡,而并不总是基于真理和现实。

于是我们得到一个启示:可否利用"少数服从多数"的法则发挥我们的影响力?

比如,我们负责策划某项学校的集体活动,要制定口号,大家意见不统一。

通过观察,我们发现支持口号1的人要明显多于支持口号2的人,所以我们顺应少数服从多数的法则,也支持口号1,最终在我们的倡议和决定下,口号1被采用,我们赢得了大部分人的支持和认可。